学会深阅读

申国君 车力莫格 ◎ 著

上海远东出版社

图书在版编目（CIP）数据

学会深阅读：高中语文名篇解读20例/申国君，车力莫格著.—上海：上海远东出版社，2024
ISBN 978-7-5476-2013-7

Ⅰ.①学… Ⅱ.①申… ②车… Ⅲ.①阅读课—高中—教学参考资料 Ⅳ.①G634.333

中国国家版本馆CIP数据核字（2024）第082377号

责任编辑 李　敏
封面设计 徐羽心
插图绘制 郑庆然

学会深阅读：高中语文名篇解读20例

申国君　车力莫格　著

出　版	上海远东出版社
	（201101　上海市闵行区号景路159弄C座）
发　行	上海人民出版社发行中心
印　刷	上海颛辉印刷厂有限公司
开　本	890×1240　1/32
印　张	5.75
插　页	1
字　数	101,000
版　次	2024年7月第1版
印　次	2024年7月第1次印刷
ISBN	978-7-5476-2013-7/G·1204
定　价	38.00元

前言

一定要读好单篇经典

我们知道,从语言与文化的关系来看,汉语的每一个字、每一个词,既是表音的,又是表意的,只要掌握了这个字、这个词,也就把字意、词意掌握了;词和词相连变成句,句与句相连变成章,章和章相连变成篇,就表达了一个完整的思想,所以语言就是思想,语言就是文化,语言就是精神,语言就是世界;学语言就是在学思想,学语言就是在学文化,学语言就是在学精神,学语言就是在接受教育,所以语文教学的第一大任务,就是读文本,尤其是定篇的;读文本主要是瞄准语言,瞄准语言经典的方法,就是吸纳文本,使之如出我心,如出我口,如出我手。如何吸纳?诵读和品读文本,让一篇篇文本结构成自己的知识网络、认知网络、思想网络、精神结构、文化心理结构,而且要由细读到深读,由深读到广读。

深阅读就是深度阅读,与浅阅读相对。"深度"者,"深"而有"度"之意。这个"度"就是既不过分解读,刻意求深求新,也不只关注文本的表面信息,或者随心所欲。深度阅读是培育语文核心素养的基础和方式方法。全国著名特级教师王俊鸣先生把阅读能力分为"认读""解读"和"赏读"三个层次。"认读"任务主要应在小学阶段完成,中学阶段则应着重解决"解读"的问题,这个问题解决不好,学生会落下"文化残疾"。语文教育专家王君老师说,只有在文本的深处,学生才能不断挑战到自己的智力和潜力,进而不断挑战认识极限和价值边际,进入一种张力十足的思维交锋、精神对峙状态;文本解读,其实是一种"生命"的解读,走进文本深处的语文,才是"生命"的语文。

深度阅读有法可依。第一法,是我们的老祖宗一直提倡的"识文断字""咬文嚼字"。不止中国,外国也讲深度阅读,"接受美学"理论就是西方提出的,并把"扣字细读"作为最重要的阅读方法。现代著名作家、教育家、出版家叶圣陶老先生说:"陶不求甚解,疏狂不可循。甚解岂难致?潜心会本文。……一字未宜忽,语语悟其神。惟文通彼此,譬如梁与津。"也就是说,深度阅读,一定要做到"一字未宜忽,语语悟其神"。第二法,抛开自己的"成见",不盲从别人的"定见"(包括教材、教参、资料、网络等),这叫"裸读",也就是"立足文本,直面语言",是我与文本、与作者的心灵契合、精神对话。要紧紧抓住文本语言,立足文本，源于文本，以文解文。任何一个经典文本都是"本自具足，无需外求"的，"整体存在、诸因互解"是文本的内在规律，不要用作者的其他文本来解释这一文本，也不简单地用作者的身世经历来解释作品，作者不等于作品。这就是童庆炳先生说的"文字表达的情感也多不同于作者内心的实际感受"。更不要概念化、泛政治化。第三法，深度阅读的基本路径与人们认识事物的一般规律相同，即"整体→部分→整体"。由整体初步感知到具体细节的感受、体会、品味，然后再回到文章整体，获得更高的认知和理解。在初步的整体感知过程中，我们知道了这篇文章写了什么、怎么写的、写得怎样，好在哪里，表达了怎样的思想感情，甚至于各段之间的关系如何，技巧如何，哪里是精彩之笔，等等。在细部感受、体会、品味过程中，抓住旨趣，也就是最能表现人物和主题的句子、词语，乃至于语气、句式、修辞、标点等，进行品味、揣摩、推敲，然后再回到"整体"看它们对文章的"整体"起到了怎样的作用，具有怎样独特的表达效果，等等。

能力在阅读中提高。无论是阅读答题，还是写作，都已经提出了要"丰富、深刻、独特"的要求。这就需要不断提高阅读能力。王俊明先生把阅读能力分为基础（普适）能力和发展（个性）能力。基础（普适）能力，包括认读能力、解读能力和统领能力；发展（个性）能力包括赏读能力和拓展能力。简单说，基础能力也即普适性阅读能力，对于解读不同体裁的文本都是适用的；发展能力也即个性解读能力，是就不同体裁文本和更高层次解读而言的。不同体裁的文本，在阅读上自然有所不同，但都是以普适性阅读能力为基础的。"个性"阅读的不同着眼点，将在以下不同部分的前面作简要提示。

此书面向中学语文教师和中学生，针对教师不会解读文本、阅读教学指导能力不足，中学生不会深度阅读、阅读能力不强问题，对普通高中不同版本、中等职业高中不同版本教材中20篇名篇、定篇进行了深度解读。

此书与同类书比较，是对经典文本的全文、全景式解读，更凸显了文本的内在规律——"整体存在，诸因互解"，让读者在"整体式"文本解读中，自然感受到文本的文体之美、语体之美，深度品味关键"细部"在整个文本中的独特价值和表达效果，这就避免了很多同类书籍在"文章学"上的缺陷。

此书语言朴实严谨，也不讲晦涩难懂的概念、技术和方法，是语文阅读道、法、术的自然有机结合，更有利于教师和学生在阅读中获得阅读方法、语文智慧，提高学科素养。

目 录

散 文

1. 《故都的秋》：这"秋味"乃是人生况味 / 3
2. 《我与地坛》：静静地与上帝相遇 / 9
3. 《项脊轩志》：悲喜皆是至深情 / 23
4. 《逍遥游》：无待无我真"逍遥" / 30
5. 《庖丁解牛》：人生本该载歌载舞 / 36
6. 《荷塘月色》：静在超出平常处 / 42

诗 歌

7. 《致橡树》：从"美好"到"伟大" / 49
8. 《再别康桥》：精神之梦是彩虹 / 55
9. 《琵琶行》：一曲抵心见月明 / 61

10. 《登高》：又是新悲上酒杯 / 70

11. 《锦瑟》：要解之"难"为何难 / 74

小 说

12. 《林黛玉进贾府》：贾府，原是别一个世界 / 81

13. 《药》：一个"愚昧"了得 / 91

14. 《荷花淀》："小""大"之辨是觉悟 / 104

15. 《项链》：钻石般人性之美 / 118

16. 《边城》：人性之美与精神突围 / 129

17. 《林教头风雪山神庙》：人在绝处 义在心中 / 138

剧 本

18. 《窦娥冤》：冤窦娥 三重美 / 147

19. 《雷雨》（第二幕节选）：命，谁在安排 / 153

20. 《哈姆莱特》：一个人文精神的高标 / 160

散文

关于散文阅读

散文,是一种以记叙或抒情为主,情文并茂的文学样式。通常是作者借助想象与联想,由此及彼,由浅入深,由实而虚地依次写来,可以融情于景、寄情于事、寓情于物、托物言志,表达作者的真情实感,展现出的是更深远的思想、更深刻的道理。

欣赏散文,重点是把握其"形"与"神"的关系:一是要能准确地抓住"文眼",以便领会作者为文的缘由与目的;二是注意其丰富的联想,"托物寄意"的特点,要由此及彼地准确捕捉到它所寄寓的更深层次的丰富内涵,由"形"见"神";三是紧扣语言,品味散文富于哲理、诗情画意的语言美和艺术美。

1 《故都的秋》：
这"秋味"乃是人生况味

郁达夫的著名散文《故都的秋》，乍一读，像是一篇优美而轻快的写景抒情散文。当然，那故都北平的秋景、秋色、秋意……也着实吸引了读者。但，这似乎也正是一般读者容易走入的"误区"。

其实，这是一篇哲理散文。

> 秋天，无论在什么地方的秋天，总是好的；可是啊，北国的秋，却特别地来得清，来得静，来得悲凉。

开篇，作者就写了一个"普遍的"秋意："无论在什么地方"，"总是好的"。这也是一般人对秋天喜人一面的理解。

紧接着，是一个深深的感叹——"可是啊"。显然，作者对有着深深秋意的北国的秋情有独钟，因为"北国的秋，却特别地来得清，来得静，来得悲凉"。这既是北国的"秋味"的特点，也是全文的感情基调——伤秋、悲秋。

而要"想饱尝一尝"这"秋味"，作者特意选中了故都（五朝帝都）北平，或许是因为"时光"和"历史"的消逝与更迭，加重了的北国的"秋味"，才更能给作者带来他所追求的对于"秋"的美学意义上的深度体味吧。

为什么这"伤"和"悲"，又具有了美学意义呢？说实了，这也正是"悲剧"的美学意义之所在。鲁迅先生说，悲剧就是将人生的有价值的东西毁灭给人看。在看这悲剧的时候，我们的心灵深处，总要产生道义上的同情、悲悯与敬

畏，甚至是某种程度的精神的觉醒、振拔与提升，因而具有了崇高感。而人对宇宙世界、自然万物的"悲剧性"本质的体认乃至于觉解，说到底，也是精神的审美与提升。

这里，作者连用了三个"来"字，不仅写出了北国的秋客观上的动态之感，更是"我"在"秋"中悲生心头的主观感受，二者构成了"悲凉"意境。所以，后文用简约之笔，把江南的秋（慢、润、淡）和故都的秋作了比较之后，一语点到领略"秋"应有的心态：

> 秋并不是名花，也并不是美酒，那一种半开半醉的状态，在领略秋的过程上，是不合适的。

在作者看来，领略"秋"，该是一种全心融入的心灵活动，而这种心灵活动，最终不是"欣赏"，而是深沉的体会和感受，这样才能获得更本质的人生感悟。

作者心目中的秋景，该如他心中总要想起的透着"清""静"与"悲凉"的陶然亭的芦花、钓鱼台的柳影、西山的虫唱、玉泉的夜月、潭柘寺的钟声。这是对后文的感情铺垫。

为体会这深度的秋意，他特意租住"破屋"，泡碗"浓茶"，向院子里一坐。

你也能看得到很高很高的碧绿的天色,听得到青天下驯鸽的飞声。从槐树叶底,朝东细数着一丝一丝漏下来的日光,或在破壁腰中,静对着像喇叭似的牵牛花(朝荣)的蓝朵,自然而然地也能感觉到十分的秋意。说到了牵牛花,我以为以蓝色或白色者为佳,紫黑色次之,淡红者最下。最好,还要在牵牛花底,叫长着几根疏疏落落的尖细且长的秋草,使作陪衬。

这是一段细腻而优美的描写,其美在于它是一幅静(飞声也是写静的)而且美的画面;在于它的实虚结合,既有看到之景,也有想象之景。而就在这实与虚构成的意境中,我们所感触到的是:"青天下"的"飞声"——那茫茫宇宙("很高很高的碧绿的天色")中飞逝的生命的渺小;"槐树叶底"的"日光"——那阳光真是可贵;"破壁腰中"的"蓝朵"——那生命的偶然与脆弱。这一切都是"秋味",而这"秋味",究其实,乃是普遍的人生况味。

"我以为以蓝色或白色者为佳,紫黑色次之,淡红者最下。"这看似是作者的一个爱好和情趣,其实乃是写其喜欢浅淡、沉静、抽象乃至于空灵的意趣。有如此之气质,必然有深刻之哲思。所以,他能把这"秋味"推想到一个极致——"最好,还要在牵牛花底,叫长着几根疏疏落落的尖细且长的秋草,使作陪衬。"这"脆弱"与"衰败"的映衬,更增加了秋的"悲意",这就是"悲剧"的美学境界。

当然,增加了这秋味的,还有那"一椽破屋"的沧桑和一大碗"浓茶"的幽远。

这秋景中,有槐树的"点缀",是因为它无声也无味、在人们不经意间而去,似有似无的"落蕊",给人一种潜意识的"落寞"之感,甚或"梧桐一叶而天下知秋"的深沉的遥想,也即人们由此而产生的切己人生的深刻的联想;有"秋蝉的衰弱的残声",这"残",是人赋予它的意义,纯粹是所听之人"人生苦短"的主观感受;而"一层秋雨一层凉",给人的无疑是时光的催迫之感。

只有在"秋的全盛时期"的枣子,那"淡绿微黄的颜色",向人们展示的是"清秋的佳日",但无疑很快便是"尘沙灰土的世界"。这欣赏,其实乃是怜爱。

很显然,作者写"秋",并没有局限于北平,也不只是写了"秋景",后文用了较大的篇幅,写了古今中外尤其是西方诗人写"秋"且表达了对"秋"的"歌颂与悲啼"的诗集。不仅如此,还写到了"囚犯"都有伤秋之感,甚至于写道:"秋之于人,何尝有国别,更何尝有人种阶级的区别呢?"这一下子就把文本的主题意义,提升到了一个普遍性的对于"存在"的本质的哲学性思考,也即人对宇宙世界、自然万物的"悲剧性"本质的体认乃至于觉解的高度。触及人生悲剧性问题,也正是哲学的深刻性之所在。

因为"伤秋""悲秋",所以"赞秋","赞"是"伤"与"悲"的更深沉的表达,这是"有感觉的动物,有情趣的人类"——注意,是人类,甚至超越了人类——共有的精神之困,终极之痛。而不仅仅是作者自己。

这些文字,有着它独特而重要的文本意义,读懂了这些文字,才能对整个文本意义有更完整、更深刻的理解。

最后一句——"秋天,这北国的秋天,若留得住的话,我愿意把寿命的三分二折去,换得一个三分之一的零头"——则让人进一步体会到:时光,必将谁都留不住也谁都挡不住地逝去。

故都的秋景,还是要赏的。但只有在这个意义高度上赏秋,这秋才会引起深沉、幽远、严厉、萧索的感触来。

② 《我与地坛》：
静静地与上帝相遇

史铁生的《我与地坛》，原文共七节，从方方面面写了自己跟地坛的关系，表达了作者对人生和命运的深刻思考。课文节选的是第一、二节。

作者开篇介绍"古园"也即地坛，并把"我"与地坛的相遇，视为一种"缘分"，一种"宿命"：

> 我常觉得这中间有着宿命的味道：仿佛这古园就是为了等我，而历尽沧桑在那儿等待了四百多年。

这缘分、这宿命，说实了——"就是为了等我"；甚至为了"我"，"它等待我出生，然后又等待我活到最狂妄的年龄上忽地残废了双腿"。

主观上，作者宁愿排除这古园存在的一切其他理由，强调了这古园在"我"双腿残废之后，给"我"带来的莫大的精神慰藉和人生启示；强调了"我"对这古园的需要，或者说这古园对于"我"的生命的重大意义。

双腿残废的不幸，给了作者"致命"的打击。这是他最痛苦也最困惑的时候，也是他"该来的时候"。

它等待我出生，然后又等待我活到最狂妄的年龄上忽地残废了双腿。四百多年里，它一面剥蚀了古殿檐头浮夸的琉璃，淡褪了门壁上炫耀的朱红，坍圮了一段段高墙，又散落了玉砌雕栏，祭坛四周的老柏树愈见苍幽，到处的野草荒藤也都茂盛得自在坦荡。这时候想必我是该来了。十五年前的一个下午，我摇着轮椅进入园

中，它为一个失魂落魄的人把一切都准备好了。那时，太阳循着亘古不变的路途正越来越大，也越红。在满园弥漫的沉静光芒中，一个人更容易看到时间，并看见自己的身影。

这一段，有个关键的时间点——"这时候想必我是该来了"。"这时候"本身有两层意思：一是古园到了现在，二是"我"到了现在（这状态）。那么"现在"的古园能给"现在"的我什么启示呢？

自然，这古园为他"一切都准备好了"，可以给他一个答案了。但这要全靠他自己来感悟。

以"剥蚀了""淡褪了""坍圮了""散落了"，写"当下"也即"现在"的古园本身；以"愈见苍幽""茂盛得自在坦荡"，写其周围的环境。这"积极"与"消极"两种状态的反衬，给了他一个重要的人生启示：一方面，他看到了，在时光面前或者茫茫宇宙之中，一切都那么脆弱和不堪一击，更何况是一个肉体生命；另一方面，他想到了，去掉了"浮夸"与"炫耀"之后的本质生命，应该是"苍幽"的深刻，应该是"茂盛得自在坦荡"。

当然，此时他也看到了"太阳循着亘古不变的路途正越来越大，也越红"，由此又想到了"时间"和"自己"：和这

"亘古不变"的时间相比，自己是何等的"短暂"；人，无论早去晚走，都只是短暂的一瞬。

这可谓是个"机缘"。之后，他"就再没长久地离开过它"，最终他"一下子就理解了它的意图"。

一个过渡之后，作者回忆了双腿刚刚残废之时，一次次来这古园的情形，写了"我"和这古园的关系。

一开始，只为逃避："仅为着那儿是可以逃避一个世界的另一个世界。"但就在这"逃避"中，他有了对生命的积极的思考，让他在这古园里找到了一条命运的救赎之路。

首先（第一节），写自己在古园对生命的积极思考。

他看到万事万物：

"园墙在金晃晃的空气中斜切下一溜阴凉，我把轮椅开进去，把椅背放倒，坐着或是躺着，看书或者想事，撅一权树枝左右拍打，驱赶那些和我一样不明白为什么要来这世上的小昆虫。""蜂儿如一朵小雾稳稳地停在半空；蚂蚁摇头晃脑捋着触须，猛然间想透了什么，转身疾行而去；瓢虫爬得不耐烦了，累了，祈祷一回便支开翅膀，忽悠一下升空了；树干上留着一个蝉蜕，寂寞如一间空屋；露水在草叶上滚动，聚集，压弯了草叶，轰然坠地，摔开万道金光。""满园子都是草木竞相生长弄出的响动,窸窸窣窣窸窸窣窣片刻不息。"这都是真实的记录,园子荒芜但并不衰败。

他一直在想,小昆虫、蜂儿、蚂蚁、瓢虫、蝉蜕,甚至这里的一草一木,都和自己一样不知道为什么要来这世上,而且成为"这一个"。

他想到人之生死:

> 我一连几小时专心致志地想关于死的事,也以同样的耐心和方式想过我为什么要出生。这样想了好几年,最后事情终于弄明白了:一个人,出生了,这就不再是一个可以辩论的问题,而只是上天交给他的一个事实;上天在交给我们这个事实的时候,已经顺便保证了它的结果,所以死是一件不必急于求成的事,死是一个必然会降临的节日。这样想过之后我安心多了,眼前的一切不再那么可怕。比如你起早熬夜准备考试的时候,忽然想起有一个长长的假期在前面等待你,你会不会觉得轻松一点?并且庆幸并且感激这样的安排?

他想人为什么要出生,又为什么要死。这是人生最重要的问题,也是哲学最根本的问题。在这里,他弄明白了:

"一个人,出生了,这就不再是一个可以辩论的问题,而只是上天交给他的一个事实;上天在交给我们这个事实的时候,已经顺便保证了它的结果,所以死是一件不必急于求成的事,死是一个必然会降临的节日。"想到这,忽然觉得"眼前的一切不再那么可怕"。

于是他豁然了:这是古园等我的意图,也"像是上天的苦心安排"。

著名哲学家周国平说,史铁生是当代最有哲学气质的作家。他的哲学气质,应该是在这古园里获得的。

——他不再总想着死了。这是古园给他的启示和心灵的力量。

所以,最重要的是要想该怎么活了。关于该怎么活,作者这样说:

> 这却不是在某一个瞬间就能完全想透的,不是能够一次性解决的事,怕是活多久就要想它多久了,就像是伴你终生的魔鬼或恋人。

这是作者对人生和人生问题最真切的感悟。其实,这也是我们每个人、甚至要一辈子来思考的事情。

既然想到活,那么作者自然要想到,自己双腿残废之后的十五年来,这古园对他心魂的激励。

在这里,他懂得了,人有能改变与不能改变的东西:

> 这古园的形体被不能理解它的人肆意雕琢,幸好有些东西是任谁也不能改变它的。譬如祭坛石门中的落日,寂静的光辉平铺的一刻,地上的每一个坎坷都被映照得灿烂;……

在这里,他悟到了,有短暂与长久、真切与虚幻,甚至瞬间与永恒:

> 譬如在园中最为落寞的时间,一群雨燕便出来高歌,把天地都叫喊得苍凉;譬如冬天雪地上孩子的脚印,总让人猜想他们是谁,曾在哪儿做过些什么,然后又都到哪儿去了;……

在这里,他读出了,一个生命在这个世界上、在重大的变故中,应有的镇定与从容:

> 譬如那些苍黑的古柏,你忧郁的时候它们镇静地站在那儿,你欣喜的时候它们依然镇静地站在那儿,它们

没日没夜地站在那儿，从你没有出生一直站到这个世界上又没了你的时候；譬如暴雨骤临园中，激起一阵阵灼烈而清纯的草木和泥土的气味，让人想起无数个夏天的事件；譬如秋风忽至，再有一场早霜，落叶或飘摇歌舞或坦然安卧，满园中播散着熨帖而微苦的味道。

这段，先以人的"忧郁"和"欣喜"，比起那古柏的"镇静"是多么的微不足道；再看那世间的草木，从经历由春到夏的浪漫故事，再到秋风寒冬中"落叶或飘摇歌舞或坦然安卧"，最终是满园的"熨帖"与饱含滋味，比自己对上天的一切安排的欣然领受。

味道是最说不清楚的，味道不能写只能闻，要你身临其境去闻才能明了。味道甚至是难于记忆的，只有你又闻到它你才能记起它的全部情感和意蕴。所以我常常要到那园子里去。

这里，作者已把这"味道"推及到人生之味。谁不身临其境，亲身经历，都是说不清楚的。说明作者在这园子里，已经获得了对人生人世更深意蕴上的理解。所以作者说："因为这园子，我常感恩于自己的命运。"（在原文第三节）

其次（第二节），写自己在这古园开始了寻找那条命运的救赎之路。

这部分，写了自己双腿刚刚残废之时的精神苦痛；写了母亲的苦痛和对儿子的理解与期望。其实还是在写这古园对于"我"的重大意义。

儿子双腿残废，作为母亲，苦楚不言而喻。但如果只看到母亲的苦痛，那么对这位母亲爱子之心的理解，一定是肤浅的。我们更应该看到，母亲究竟给予了痛苦中的儿子怎样的理解与期望。

现在我才想到，当年我总是独自跑到地坛去，曾经给母亲出了一个怎样的难题。

此处，作者没有写"曾经给母亲带来了多少痛苦"，而说的是"难题"。这表达的是：一方面，"我"给母亲带来的痛苦自不必说，因为"她有一个长到二十岁上忽然截瘫了的儿子，这是她唯一的儿子"；另一方面，也是更重要的，是母亲一直在"理解"着他的儿子，并和儿子一同寻找着人生重大问题的答案。这个"理解"，已不是一般意义上的"同情"，而是和儿子一起，共同寻找着一条命运的救赎之路，也即以一种心灵成长的方式，去理解、化解和置换自己的精神苦难。

那么这条救赎之路究竟在哪里？母亲一时也不知道。但是：

> 她不是那种光会疼爱儿子而不懂得理解儿子的母亲。她知道我心里的苦闷，知道不该阻止我出去走走……她料想我不会愿意她跟我一同去，所以她从未这样要求过，她知道得给我一点儿独处的时间，得有这样一段过程。

这说明，痛苦中的母亲已经认识到：应该让儿子出去走走，给儿子点"独处"的时间和一个过程。自觉不自觉中，母亲深深懂得一个人"独处"的价值。

同时母亲知道，儿子自己的人生难题得他自己去解决，谁都代替不了谁：

> 反正我不能不让他出去，未来的日子是他自己的，如果他真的要在那园子里出了什么事，这苦难也只好我来承担。

周国平先生在他的《孤独的价值》一文中说过这样的

话:"孤独之为人生的重要体验,不仅是因为惟有在孤独中,人才能与自己的灵魂相遇,而且是因为惟有在孤独中,人的灵魂才能与上帝、与神秘、与宇宙的无限之谜相遇。正如托尔斯泰所说,在交往中,人面对的是部分和人群,而在独处时,人面对的是整体和万物之源。这种面对整体和万物之源的体验,便是一种广义的宗教体验。"

在这孤独中,他的灵魂与上天、与神秘、与宇宙的无限之谜相遇了。他理解了上天的意思——对上天的一切安排都要欣然领受。

母亲还确信:

> 一个人不能仅仅是活着,儿子得有一条路走向自己的幸福;而这条路呢,没有谁能保证她的儿子最终能找到。

这也就是说,一个人只是活着还不够,还要活得幸福;就算儿子残废了双腿,同样要活得幸福,而不是痛苦地活着。母亲所确信的,正是那条救赎之路。母亲也知道,找到这条路,一定需要一个契机,一个过程。

好在这个契机,来得并不迟晚。

这位朋友说："我的动机太低俗了吧？"我光是摇头，心想低俗并不见得低俗，只怕是这愿望过于天真了。他又说："我那时真就是想出名，出了名让别人羡慕我母亲。"我想，他比我坦率。我想，他又比我幸福，因为他的母亲还活着。而且我想，他的母亲也比我的母亲运气好，他的母亲没有一个双腿残废的儿子，否则事情就不这么简单。

写书获奖，为了让母亲骄傲，这愿望作者也有过，而且曾在他"全部动机中占了很大比重"。但这前提是母亲还活着，是母亲的儿子身体上好好的，是儿子没有精神苦痛，别无他求。但自己的母亲，要的是正在遭遇精神之痛的儿子能幸福地活下去，而不是自己的骄傲或者是儿子的一时之快。所以即便"我"的小说获奖，但"我"心里还是"没头没尾的沉郁和哀怨"，是"走遍整个园子却怎么也想不通"。甚至想："上天为什么早早地召母亲回去呢？"

结果，还是上天给了他一点安慰："上天的考虑，也许是对的。"

正因为自己当时还没有找到这条路，所以母亲才一直痛苦着，痛苦地寻找着儿子的寻找。接下来，写母亲多少次到这古园中寻找儿子。

2.《我与地坛》：静静地与上帝相遇

摇着轮椅在园中慢慢走，又是雾罩的清晨，又是骄阳高悬的白昼，我只想着一件事：母亲已经不在了。在老柏树旁停下，在草地上在颓墙边停下，又是处处虫鸣的午后，又是鸟儿归巢的傍晚，我心里只默念着一句话：可是母亲已经不在了。把椅背放倒，躺下，似睡非睡挨到日没，坐起来，心神恍惚，呆呆地直坐到古祭坛上落满黑暗然后再渐渐浮起月光，心里才有点明白，母亲不能再来这园中找我了。

一段"三叹"："母亲已经不在了"（"母亲不能再来这园中找我了"）。想到这些，"我"痛苦至极！

但"随着小说获奖的激动逐日暗淡"，有一点"我"是确定的了："我用纸笔在报刊上碰撞开的一条路，并不就是母亲盼望我找到的那条路。"

那么到底哪里才是救赎之路？又是在这古园，他找到了答案（原文的第六节）：

既然死是一件无需急于求成的事，那就决定活下去试试。而活着的理由是什么？是人的欲望，"比如说爱情，比如说价值感之类，人真正的名字叫欲望"。因为这个欲望，也就有了真正的人生，这是人的罪孽，但也是福祉。反过来，人忍受了痛苦的同时，也享受了福祉。这福祉不仅仅是活着，而且是"一项实实在在的内在成就"，是勇敢积极地面对苦难的人性的自由、高贵与尊严。

"每一个乏味的演员都是因为他老以为这戏剧与自己无关。每一个倒霉的观众都是因为他总是坐得离舞台太近了。"我们不要做一个无味的演员，也不要做一个倒霉的观众。这种达观而超脱的人生态度，就是他的救赎之路！

明白了这些，他不再觉得上天不公道，反而常常觉得"一个人跑出来玩得太久了"。

命运向来是不公平的，有时苦难是不可避免的，对此我们要坦然接受，勇敢地看待苦难，坚强、乐观地面对生活，同样可以活出精彩的人生。

3 《项脊轩志》：

悲喜皆是至深情

著名评论家韩石山曾这样说过："从汉唐到明清，两千年间，诗文通论，好的诗，能说上几十首，好的散文，怕连十篇也说不上。有灵气又有感情，我能看上的也就那么几篇。……归有光的《项脊轩志》算一篇……"，"散文在古代，是以实用为主，记事为主"（《散文，神仙也写不好——跟西峪煤矿女职工谈写作》）。可见他对《项脊轩志》的评价之高。

归有光崇尚唐宋古文，其散文风格朴实，感情真挚，是明代"唐宋派"的代表作家，被称为"今之欧阳修"，后人称赞其散文为"明文第一"。

《项脊轩志》是作者心灵生活与精神世界的一部分。

先介绍项脊轩，也即南阁子：

项脊轩，旧南阁子也。室仅方丈，可容一人居。百年老屋，尘泥渗漉，雨泽下注；每移案，顾视无可置者。又北向,不能得日,日过午已昏。余稍为修葺,使不上漏。

由小、旧、漏、湿、暗写到亲自修葺。修葺后的项脊轩,在作者看来,处处都是"美"的:

前辟四窗,垣墙周庭,以当南日,日影反照,室始洞然。/又杂植兰桂竹木于庭,旧时栏楯,亦遂增胜。/借书满架,偃仰啸歌,冥然兀坐,万籁有声;而庭阶寂寂,小鸟时来啄食,人至不去。/三五之夜,明月半墙,桂影斑驳,风移影动,珊珊可爱。

3.《项脊轩志》：悲喜皆是至深情

这段文字，四句话：第一句，开窗建墙，而后是"以当南日，日影反照，室始洞然"，这是日光"反照"之后的"豁亮"之美；第二句，植兰桂竹木，而后是"旧时栏楯，亦遂增胜"，这是花草树木与旧时栏楯的"映衬"之美；第三句有个分号，这分号点得好，既写读书、啸歌与万籁相和的精神之我，又写小鸟与人相近相亲的现实之我，这是天人合一、物我同处的"和谐"之美；第四句，写明月半墙之时，"桂影斑驳，风移影动"的轻盈美好的样子，也是无中生有、静中有动的"意趣"之美。其中"借"字，乃凭借、凭依之意，表现了坐拥书城的自豪感；"偃仰啸歌，冥然兀坐，万籁有声"，生动地表现了那种或仰天而诵，或静坐深思，或与自然万物相接的灵魂在场、精神超拔的读书状态。

然后一个过渡句，由写"喜"转而写"悲"，后者是重点。

然余居于此，多可喜，亦多可悲。

先写离散之悲，这也是住小阁子的缘由：

先是，庭中通南北为一。迨诸父异爨，内外多置小门，墙往往而是。东犬西吠，客逾庖而宴，鸡栖于厅。

庭中始为篱，已为墙，凡再变矣。

本来一大家子人在一起，"庭中通南北为一"，彼此不分，相处和睦，但人世间没有不散的筵席，最后都是个分开。离散之苦，作者写得十分悲戚："东犬西吠，客逾庖而宴，鸡栖于厅"，因为兄弟分家而分开的狗，很长时间都是东西两家对叫不停（"东犬西吠"，为互文修辞方法），难舍难离；原来共同的客人，现在却不得不越过这家厨房到他要去的那家吃饭；傍晚，鸡都不想进窝而住在厅堂里。写狗写客再写鸡，好像层次有点乱，但这恰恰在说明，动物和人哪有什么分别，本是一理。——动物至此，人何以堪！以物衬人，写的还是人。"为篱"之时，已至如此，到"为墙"之时，自然更是悲到了极点。这是作者对于人生况味的悲情与慨叹。

再写怀人之悲：

家有老妪，尝居于此。妪，先大母婢也，乳二世，先妣抚之甚厚。室西连于中闺，先妣尝一至。妪每谓余曰："某所，而母立于兹。"妪又曰："汝姊在吾怀，呱呱而泣；娘以指叩门扉曰：'儿寒乎？欲食乎？'吾从板外相为应答。"语未毕，余泣，妪亦泣。/余自束发读书

3.《项脊轩志》:悲喜皆是至深情

轩中,一日,大母过余曰:"吾儿,久不见若影,何竟日默默在此,大类女郎也?"比去,以手阖门,自语曰:"吾家读书久不效,儿之成,则可待乎!"顷之,持一象笏至,曰:"此吾祖太常公宣德间执此以朝,他日汝当用之!"瞻顾遗迹,如在昨日,令人长号不自禁。

这段文字,写了发生在项脊轩母亲和祖母两位亲人对于女儿和孙子的疼爱与寄予厚望的生活细节,音容举止,历历在目。"默默在此,大类女郎也",祖母希望孙子像个男孩子,快乐成长;"以手阖门,自语",写出了祖母的念兹在兹与难掩的喜悦;"吾家读书久不效",是对孙子读书功成名就的期待;"顷之",写出了急切的心情;"瞻顾遗迹,如在昨日,令人长号不自禁",写出了作者的感激、愧疚之情。

作者对两位亲人的无限感激和怀念之情:一个是"泣",一个是"长号不自禁"。这二者显然有程度的不同。为什么?因为:

写母亲,是写母亲对姐姐的关爱,又是从老妪之口听来的,但尽管如此,还是"语未毕,余泣",这是对母亲亲子之爱的理解、感激与怀念。写祖母,是写祖母对自己——已经懂事了的自己,又是亲身经历,而且是祖母对自己人生寄予厚望:一是这个家多少代没有学有所成,科举得中的,她的孙子可以让她期待了("吾家读书久不效,儿之成,则可待乎!");二是还要做官为宦,成为栋梁之材("顷之,持一象笏至,曰:'此吾祖太常公宣德间执此以朝,他日汝当用之!'")。因为自己还没有如祖母所愿,所以每每"瞻顾遗迹,如在昨日,令人长号不自禁",这是一种憾恨,一种精神之痛。

> 轩东故尝为厨,人往,从轩前过。余扃牖而居,久之,能以足音辨人。轩凡四遭火,得不焚,殆有神护者。

这是原"志"的结尾。是对自己长久居住于此和项脊轩四次遭火的经历的简要记述,充满了对项脊轩的感激和眷恋之情。

后面是"志"的补写内容。补写了妻子嫁过来之后的情景,虽只写了妻子两个生活细节,但对妻子深深的怀念之情,却跃然纸上:

> 后五年,吾妻来归,时至轩中,从余问古事,或凭几学书。吾妻归宁,述诸小妹语曰:"闻姊家有阁子,且何谓阁子也?"

妻子经常来项脊轩，问一些过去的事，尤其还常常坐在几案前学写字，是那么的上进好学，情调高雅；妻子对自己，已不只是感情陪伴，更是一种精神的陪伴。妻子每每"归宁"似乎都要谈到阁子（以"述诸小妹语曰"写妻子），必是她心中时时有着这阁子，她喜欢这阁子，她喜欢丈夫在这里用功读书；这阁子，有着他们夫妻俩共同的价值追求和精神生活。

庭有枇杷树，吾妻死之年所手植也，今已亭亭如盖矣。

写到妻子所植之树，才用到一个比喻，也是全文唯一的比喻句，表达了对妻子深情的怀念与感激：见到此树，就像见到了妻子一般；妻子虽已离自己而去，但又似乎不曾离开，而且自己就在妻子生机盎然、亭亭如盖般的精神世界的爱护之中。

4 《逍遥游》：
无待无我真"逍遥"

庄子是中国古代伟大的思想家、哲学家和文学家。《庄子·内篇》集中阐述了他的哲学思想，包括世界观、人生观、价值观等。最可贵的是，两千多年后，他的人生哲学对我们仍具有现实的指导意义，所以他又是当之无愧的人生哲学家。

本文，作者通过奇特的想象，生动形象地阐述了他的"逍遥观"，也即在作者看来，怎样的状态才算是"逍遥"的。

从思想逻辑（也是段落逻辑）上分，全文可以分为三个层次：

第一，大鹏之境不逍遥。

先写鲲鹏（从开头到"而后乃今将图南"）。

鲲和鹏，是作者想象中的水中天上相差万里的两种事物，但作者笔下的鹏，则是由鲲"化"来。注意，这里作者

讲的不是生物学而是哲学，也即在他看来，世上万事万物都是一样的（"万物齐同""道通为一"）。

先写其大："鲲之大，不知其几千里也"；"鹏之背，不知其几千里也"，"怒而飞，其翼若垂天之云"。

为了增强真实性，作者还直接引用了《齐谐》中的文字，再写其飞："鹏之徙于南冥也，水击三千里，抟扶摇而上者九万里，去以六月息者也。"

这里，一个"徙"字，说明它的高飞南去，是迁徙，是搬家，是它的生存需要，不是"自由地"飞来飞去；而且它需要飞到很高，要达到这样的程度：

野马也，尘埃也，生物之以息相吹也。天之苍苍，其正色邪？其远而无所至极邪？其视下也，亦若是则已矣。

这是从大鹏下视的角度来写的，真实，生动，形象。

从中我们看得出，大鹏虽然很大，飞得也很高，好像还很让人羡慕，但它并不逍遥。因为它需要凭借很重要的条件，下面作者的议论就明确地说明了这一点：

且夫水之积也不厚，则其负大舟也无力。覆杯水于坳堂之上，则芥为之舟，置杯焉则胶，水浅而舟大也。风之积也不厚，则其负大翼也无力。故九万里，则风斯在下矣，而后乃今培风；背负青天，而莫之夭阏者，而后乃今将图南。

作者在议论中，也没有忘记生动的譬喻，阐述了"大"与"厚"的因果关系。又马上说到"大鹏"：九万里之高，风才够大；背负青天，才没有什么可以阻拦。

这就是"大鹏"要南飞的条件。它"逍遥"了吗？非但没有，而且所限最多，实现最难，两个"而后乃今"，无疑突出了"条件"的重要性。

第二，小虫之"笑"是"自得"。

写完了"大"的鲲、鹏之后，转向"小"的蜩、学鸠、斥鷃等虫（"蜩与学鸠笑之曰"……"此小大之辩也"）。

这里，作者首先用了一个"笑"字。但这个"笑"，不是"讥笑"，也不是"嘲笑"，而是"自得"之笑。为什么"自得"？因为蜩和学鸠都觉得自己是"快乐"的："决飞"，说明它们认为，自己的飞跃和大鹏比是迅速敏捷的；尽管"时则不至，而控于地"，但也不以为然，"而已"，就表明了它们的平和达观心态；它们也绝没有"九万里而南为"的必要；它们一日三餐，吃得饱饱的，活得恬淡而自得。

"小知不及大知，小年不及大年"是作者提出的一个观点，承上启下，在举例说明何谓"小年"、何谓"大年"之后，指出事物之间是没有必要比较的。这"大"与"小"，甚至于"远"和"近"，与逍遥不逍遥是没有任何关系的。

然后，通过汤、棘的对话，再次说到鲲鹏，近距离地用斥鷃和鲲鹏的"小""大"对比，又引出了一个"笑"，这个笑，同样是"自得"之笑。斥鷃的"自得"，较蜩和学鸠又进了一层，因为蜩和学鸠只是"饱腹"之乐，而斥鷃却有"精神"之乐。它的上下"腾跃"，虽不过"数仞"，但它自己已感到是在"翱翔"了，而且它认为这就是"飞之至也"，即飞翔中的最得意境界了。

最后一句，戛然收束："此小大之辩也"。这句既是"斥鹌之笑"的收束,又是"蜩和学鸠之笑"的总结——大小虫鸟都已经说完。

"此小大之辩也"。这个"小大之辩",辨了什么?至少我们可以知道:第一,"大"的和"小"的,有时根本就没有可比性,或者说根本就没有必要比;所谓的"长处"和"短处"也都是相对的,没有必要用自己的"长处"和别人的"短处"比;第二,"大"的可以飞得很高很远,看起来很潇洒,很快乐,让别人眼热,其实未必然,因为"大"有"大"的"难处",它需要更"大"的凭借;小的飞得虽然很低很近,但是它感到了满足和快乐,甚至是"精神"上的快乐。

当然,这些"小"的,也还没有达到"逍遥"之境。

第三,逍遥之"德"是"天德"。

写完了大小虫鸟,再写人("故夫知效一官"……"圣人无名"),又从"自视"者、不计毁誉"定乎内外之分,辩乎荣辱之境"者和御风"泠然"者三个"境界",阐述了他们也都没有达到"逍遥"之境。

为什么他们还没有达到"逍遥"之境?因为"知效一官、行比一乡、德合一君,而征一国"者,他们的知、行、德、能,都是"自视"而已,其实也不过像那些"自得"的鸟虫一样;尽管宋荣子已经做到了不计毁誉,而且能"定乎内外之分，辩乎荣辱之境"，但这只能说明他合理地对待了"内外"之事，看透了荣辱；至于列子，写了他如何倚待"外物"。三个境界，分别是一般意义上的德行、如何看待荣辱和"内外"事情、如何对待"外物"，由小到大，由具象到抽象，由特殊到一般，层层提升，阐述了虽然已经是很少人能做到他们这样，但他们也都没有达到真正的"逍遥"之境。

其原因，关键在于前两个层次的"德"，还不到家（"犹有未树也"）。什么才算是到家了呢？道家"提倡每一个人遵循内心的道德"（于丹《〈庄子〉心得》），而庄子又说："虚无恬淡，乃合天德"，合一君之"德"和宋荣子之"德"，显然还远没有达到"天德"的境界；列子不算"逍遥"，是因为"犹有所待"。

但真正无待的"逍遥"，是极难做到的。所以最后，作者给了一个有待而又逍遥的"逍遥之境"——"至人无己，神人无功，圣人无名"。也即至人无我，神人无为，圣人不立名。意谓能做到这三点，也就算是达到逍遥之境了。

作者讲他的"逍遥观"，没有从正面直接告诉人们什么是真正的逍遥，而是用人们熟知的事物或者人，从反面来阐述，最后以至人、神人、圣人三境（其实是三个角度）作为"逍遥"之境结束，边立边破，层层递进，自然而然地做出回答。这样写的好处是，讲起来切近读者，更容易理解。

5 《庖丁解牛》：

人生本该载歌载舞

《庖丁解牛》节选自庄子内篇《养生主》。

应该说，庄子是中国古代最关注个体生命的人生哲学家，而且是最优秀的实践者。他的《逍遥游》和《齐物论》为人"应该怎样对待外物乃至于世界"，做出了初级、中级和高级规划，指出了人活着的最高境界——"逍遥"（无待）之境，甚至是"齐物"（无我）之境。

《养生主》则是对人"应该怎样活着"做出的人生指导。

有人说《养生主》是讲"养生"的。不错，但它讲的又不仅仅是"养生"之道，而且是"生命"之论。养生之道侧重于生理生命，而生命之论更看重人应该怎样活着的精神追求；不是消极地"养"，而是积极地创造一个精彩的生命状态。

课文《庖丁解牛》文本之前，作者开篇用"否定"的形式，从"消极"方面即人活着的最低限度，告诉人们，凡事要顺其自然，不可强为。

> 吾生也有涯，而知也无涯。以有涯随无涯，殆已！已而为知者，殆而已矣！为善无近名，为恶无近刑。缘督以为经，可以保身，可以全生，可以养亲，可以尽年。（曹础基：《庄子浅注（修订重排本）》中华书局，1982）

作者深知，人的欲望是无止境的，"其行尽如驰而莫之能止"（《齐物论》）。那就不要"以有涯随无涯"，不要以有限的生命去追求无限的东西，也即不要勉强自己去做尽最大努力也不能做成的事情，如果正在这样做着，那就很危险了。

所谓"顺其自然",就是即便做了所谓"好事",也不求名;就算做了所谓"坏事",只要自己认为是对的,又不触犯刑律,就不去计较,率性而为,不为"定见"所限,更不活在别人的评价里。这样不仅可以保身,甚至可以保全自然的生命状态,不被扭曲,安享天年。

接着,用"庖丁解牛"的故事,告诉人们应该怎样活着,完全是一个生活歌者的精彩之论:

> 庖丁为文惠君解牛,手之所触,肩之所倚,足之所履,膝之所踦,砉然向然,奏刀騞然,莫不中音。合于桑林之舞,乃中经首之会。

从庖丁为文惠君解牛说起:解牛之时,手接触到的地方、肩倚靠的地方、脚踩着的地方、膝盖抵住的地方,全是"砉然向然";进刀之处也是"騞然"作响。这声响,没有不合音乐的,在这美如《桑林》的音乐声中,他如轻歌曼舞,悠然自得,又正合《经首》之音的欢快节奏。

这庖丁哪里是在做"解牛"的苦差事?是在优美的音乐中载歌载舞。这显然是一个"灵魂在场"的人才会有的生命状态:在劳动中抑或在生活中融入了灵魂,找到了快乐!在作者看来,生活本该是载歌载舞的!

5.《庖丁解牛》：人生本该载歌载舞

人生怎样才可以达到这种境界？庖丁回答文惠君的话道出了真谛："臣之所好者道也，进乎技矣！"我所爱好的无非是"道"，这远在技术层面之上啊！

> 始臣之解牛之时，所见无非牛者；三年之后，未尝见全牛也。方今之时，臣以神遇而不以目视，官知止而神欲行。依乎天理，批大郤，导大窾，因其固然，技经肯綮之未尝，而况大軱乎！良庖岁更刀，割也；族庖月更刀，折也。今臣之刀十九年矣，所解数千牛矣，而刀刃若新发于硎。彼节者有间而刀刃者无厚；以无厚入有间，恢恢乎其于游刃必有余地矣！是以十九年而刀刃若新发于硎。

我开始"解牛"之时，所看到的无非是整个的牛罢了；多年以后，就全然看不到整个的牛了。到现在，我再看牛，就已经不用眼睛看，而是以"神"相遇了。解牛之时，我的感官都要停下来了，可我的神还在行进之中呢。为什么会这样？因为我遵照了它天然的生理结构，神早已先行通过，所以刀刃行走在骨头、骨窝的空隙之中，即便是经络相连的地方、附在骨头上的肉、包括筋骨连接处，我都没有碰到过，更何况是大骨头了。好的厨子，一年换一把刀，因为他们经常用拉割的方法；一般的厨子一个月换一把刀，因为他们经常用砍折的方法。我这刀已经用了十九年，"所解数千牛矣，而刀刃若新发于硎"。

这就是说，庖丁的刀刃根本就"没有用到过"。为什么？是"彼节者有间而刀刃者无厚；以无厚入有间，恢恢乎其于游刃必有余地矣"。

要问什么是"中庸"？有答曰"不偏不倚"，也有曰"不用之用"。那么何为"不偏不倚"？又何为"不用之用"？"庖丁解牛"是对其最形象的解释。

一个牛是要分解的，分解是要动刀的，这就是"用"。而庖丁之"用"在于"依乎天理"，"因其固然"。理论上讲，再紧实的骨肉，也是有缝隙的，哪怕它很小、极小，这就是庖丁的"神"所通过的空间；而刀刃呢，锋利到了没有一点点厚度，以无厚入有间，一"无"一"有"，不仅可以通过，而且是"恢恢乎""游刃有余"呢。但这仍需要"不偏不倚"，需要"取中而用"。十九年"刀刃若新发于硎"，这刀刃就从没有碰触过什么，这就是"无用"。牛最终还是被分解了，这就是"无用之用"。作者把这看作是一种人生智慧。

但人生在世，总会遇到问题，甚至于要面对苦难，最终还要死亡的。作者把"人生问题"分为三个层次，提出了应有的人生智慧。

面对一般小问题:

  虽然,每至于族,吾见其难为,怵然为戒,视为止,行为迟,动刀甚微,謋然已解,如土委地。提刀而立,为之四顾,为之踌躇满志,善刀而藏之。

  遇到"小问题"时,要提醒自己,千万小心,会神凝视(思),放缓行动,不急不躁,慢慢解决,一时间"謋然已解",也便释然了。然后还是笑对人生,依然"踌躇满志"!

  文惠君曰:"善哉!吾闻庖丁之言,得养生焉。"

  文惠君至此已找到了"养生"之道。
  当然,这里只是谈到了面对一般小问题,人该怎么做。人生还要面对更多的苦难,还有死亡。作者后面的文本,则分别以"单足"和"吊老子"为例,阐述了他对如此"重大问题"的思考。

⑥《荷塘月色》：
静在超出平常处

《荷塘月色》是朱自清先生的散文名篇，语言清新，充满诗意。全文以心里"不宁静→寻找宁静"的感情变化为线索，描写了月色下的荷塘、荷塘上的月色以及对采莲旧俗的感怀，表达了对现实环境的不满和对自由和谐生活的向往。

文章开头就表明了作者的心境——"这几天心里颇不宁静"，这也是全文的感情基调，"颇"字表明了程度。由此而引出寻找"宁静"。

文章一开头就是个矛盾：夜静人不静。

这几天心里颇不宁静。

这是人。而夜呢？

月亮渐渐地升高了，墙外马路上孩子们的欢笑，已经听不见了;妻在屋里拍着闰儿,迷迷糊糊地哼着眠歌。

现在的夜晚显然很静。这"静"更加反衬了心里的"颇不宁静"。

此时的荷塘是"静"的:

首先,周围的环境是"静"的,"夜晚更加寂寞","没有月光的晚上,这路上阴森森的,有些怕人"。至此"我"好像已经找到了"宁静",而且感到"这一片天地好像是我的;我也像超出了平常的自己,到了另一世界里"。"一个人在这苍茫的月下,什么都可以想,什么都可以不想,便觉是个自由的人"。

作者并没有直接写我为什么"颇不宁静",但细心体会这段话,我们就会发现,平日里作者与他周遭的环境不和谐,至少心里是这样的,甚至感觉自己不自由。总之,他厌恶那个环境,亦或是时局。

今晚荷塘月色给他的,不仅是宁静,还有美好、和谐与自然。作者从视觉、嗅觉、听觉等角度,描写了月色下的荷塘和荷塘上月色。

写月色下的荷塘:

> 曲曲折折的荷塘上面,弥望的是田田的叶子。叶子出水很高,像亭亭的舞女的裙。层层的叶子中间,零星地点缀着些白花,有袅娜地开着的,有羞涩地打着朵儿的;正如一粒粒的明珠,又如碧天里的星星,又如刚出浴的美人。

这是从视觉角度写的,用了比喻、博喻的修辞手法,给了读者深刻印象。

> 微风过处,送来缕缕清香,仿佛远处高楼上渺茫的歌声似的。这时候叶子与花也有一丝的颤动,像闪电般,霎时传过荷塘的那边去了。叶子本是肩并肩密密地

挨着，这便宛然有了一道凝碧的波痕。叶子底下是脉脉的流水，遮住了，不能见一些颜色；而叶子却更见风致了。

这里是从嗅觉、听觉、视觉的角度写的，用了通感、比喻的修辞手法。之所以我们有听到的感觉，是"通感"这种修辞手法起了作用，让我们通过形象的语言对荷花的"清香"有了充分的、交错转移的感觉体验。

写荷塘上的月色：

月光如流水一般，静静地泻在这一片叶子和花上。薄薄的青雾浮起在荷塘里。叶子和花仿佛在牛乳中洗过一样；又像笼着轻纱的梦。虽然是满月，天上却有一层淡淡的云，所以不能朗照；但我以为这恰是到了好处——酣眠固不可少，小睡也别有风味的。月光是隔了树照过来的，高处丛生的灌木，落下参差的斑驳的黑影，峭楞楞如鬼一般；弯弯的杨柳的稀疏的倩影，却又像是画在荷叶上。塘中的月色并不均匀；但光与影有着和谐的旋律，如梵婀玲上奏着的名曲。

这段文字主要用了比喻的修辞手法，还有通感，把月色写得形象生动，趣味横生。一些词语形象传神，具有独特的表现力。比如一个"泻"字，就极具动感。

接着作者写了荷塘周围的环境与月色。同时流露出此时的内心依然"不宁静"：

但热闹是他们的，我什么也没有。

从荷塘的"宁静""和谐"中再回到现实，感觉自己的"不宁静"还是不能排解：不止热闹不是我的，或者说我难以融入这个热闹之中；就是宁静我也没有——"我什么也没有"——我和周遭环境难以调和。

因为在现实中找不到宁静，"我"不禁想起了采莲的事情，记起了《西洲曲》的句子，回到了那个"旧俗"的欢乐、有趣、和谐的世界之中。

——这里有情趣，但自己现在无福消受了。表达了对现实环境的强烈不满和对自由和谐生活的向往。

诗歌

关于诗歌阅读

诗歌,是一种主情的文学体裁。大舜云:"诗言志,歌永言。""在心为志,发言为诗"。每一首诗,都饱含着诗人的思想感情,而且高度凝练,想象丰富,富有节奏感。

阅读诗歌是一种艺术活动,它要求读者运用自己的想象力和情感去理解和感受诗歌的语言、意象与意境。

阅读诗歌,重要的是通过朗读、诵读,体验诗歌的情感美、语言美和韵律美。所谓韵律美,不只是诉诸于耳的音乐美,更是诉诸于心的"情绪的自然消涨"的"内在韵律"美。其次是抓住诗眼和关键词句,理解诗歌的意象、意境,体会诗歌的思想感情和表现手法。

7 《致橡树》：从"美好"到"伟大"

《致橡树》是舒婷的著名诗篇。这首诗集中体现了诗人的爱情观，或者说抒写了一位有着自我意识、自主意识和高境界精神追求的女性，对平庸世俗的"美好"爱情的彻底否定和对"伟大的爱情"的深切向往。

全诗分为两部分。

诗的前部分（开头～"甚至春雨"）。

> 我如果爱你——
> 绝不像攀援的凌霄花，
> 借你的高枝来炫耀自己；
> 我如果爱你——
> 绝不学痴情的鸟儿，
> 为绿荫重复单调的歌曲；
> 也不止像泉源，

长年送来清凉的慰藉；

也不止像险峰，

增加你的高度，衬托你的威仪。

甚至日光，

甚至春雨。

诗人开篇提出两个假设："我如果爱你"。这是站在"我"的角度说，是作为爱的一方自设前提。接着，诗人用

7.《致橡树》：从"美好"到"伟大"

两个"绝不"，明确否定了如"凌霄花、如"鸟儿"般的看起来很温馨幸福，但又比较平庸的要么凭借对方炫耀自我、要么只会陶醉鼓掌的世俗的爱情。当然，诗人也不赞成只讲奉献的爱情，爱情的确需要奉献，但诗人所要的爱情，绝"不止"于此。所以连用了两个"也不止"、两个"甚至"表达了自己坚决的态度："不，这些都还不够！"那么诗人要的是怎样的爱情呢？往下看：

> 不，这些都还不够！

我所要的"伟大的爱情"，是这样的：

> 我必须是你近旁的一株木棉，
> 作为树的形象和你站在一起。

诗人以"橡树"和"木棉"为意象，表达了"伟大的爱情"的内涵：

> 根，紧握在地下；
> 叶，相触在云里。
> 每一阵风过，

> 我们都互相致意,
> 但没有人,
> 听懂我们的言语。

"作为树的形象和你站在一起"。"树"是什么形象?当然是高大,但这里又不仅仅是形象的高大,重要的是精神的高大、思想的高大。诗人表达的爱情,首先是爱的双方要有同样的精神与思想的高度,当然它的前提是有共同的价值追求:"根,紧握在地下;/叶,相触在云里。"紧握在地下的"根",是共同的价值追求;相触在云端里的"叶",是具有同样高度的高境界的精神和思想。"每一阵风过,我们都互相致意",表明我们在世事变幻中,总有别人听不懂的灵魂深处的默契甚至思想表达。"没有人",表明了双方所达到的高度。

接着写"伟大爱情"中男女双方各自的特点与双方的关系:

> 你有你的铜枝铁干,
> 像刀,像剑,也像戟;
> 我有我红硕的花朵,
> 像沉重的叹息,

又像英勇的火炬。

为什么要用"铜枝铁干"和"刀""剑""戟"来形容对方？这无疑是在写对方的思想之特质（锐利）、精神之力量。而作为"树"的形象的"我"，也有自己的思想与精神特质："我有我红硕的花朵"，这花朵是热烈的、丰盈的；"像沉重的叹息，又像英勇的火炬"，"沉重的叹息"从前文而来，是对那么多没有自我意识，没有自主意识，甚至没有更高爱情追求却又沉浸在世俗的平庸的爱情之中的女性的叹息，因为难以改变，所以愈感"沉重"；而作为有更高追求的新女性，要号召那么多女性冲破世俗，超越自我，这自然需要"勇气"和"英勇"的作为；"火炬"的作用，在于不仅能照亮自己，更能感召和引领他人。有人说这是"宣言"，也即此意。

> 我们分担寒潮、风雷、霹雳；
> 我们共享雾霭、流岚、虹霓。
> 仿佛永远分离，
> 却又终身相依。
> 这才是伟大的爱情，
> 坚贞就在这里：

这样，我们分担的，已不是一般的风、霜、雨、雪，而是如寒潮、风雷、霹雳一样的重大变故；我们分享的，也不只是风、花、雪、月，而是如雾霭、流岚、虹霓一样精神世界中的独特风景。有了这样高度的精神之爱、思想之爱，虽说二者都是精神独旅（或孤旅），但又何尝不是对方精神丛林中最相近的那一棵——"仿佛永远分离，/却又终身相依。"

紧接着，诗人明确地告诉读者："这才是伟大的爱情，/坚贞就在这里"。这样的爱情，显然已不再是"各自保持自己人格的独立，互相尊重，互相扶持"等一般意义之爱，而是"伟大"的爱情了。

爱——
不仅爱你伟岸的身躯，
也爱你坚持的位置，
足下的土地。

最后一句再次强调：伟大的爱，爱的不仅仅是你伟岸的身躯，而是"你坚持的位置"，是你思想的高度、精神的高度，以及我们共同守护的价值——你"足下的土地"！

8 《再别康桥》：
精神之梦是彩虹

《再别康桥》是徐志摩现代诗的代表作，初载于 1928 年 12 月 10 日《新月》月刊第 1 卷第 10 号。

1921 年，徐志摩赴英国留学，入康桥大学（剑桥大学）皇家学院研究政治经济学。在康桥的两年，他深受西方教育的熏陶及欧美浪漫主义和唯美派诗人的影响，开始创作新诗，并奠定了他的浪漫主义诗风。同时，他广泛涉猎了世界上的各种思潮流派，并影响到了他的世界观和人生观。

正因为康桥在诗人的精神生命中如此重要，所以离别之时，心情是无比沉重的：无奈、留恋、感激之情，一齐涌上心头。但作为康桥的精神之子，自己又深知不该有任何打扰之举，所以诗人一遍一遍地叮嘱自己："轻轻的""轻轻的""轻轻的"。这"轻轻的"不是故作深沉，更不是强作"无所谓"，而是对自己激动之情的极度掩抑。

有意思的是，开篇并不直说作别"康桥"，而是作别

"西天的云彩",是诗人伤心到不敢直面,而把他心中的康桥"虚化"为眼前所见的"云彩"?还是这"云彩"最懂他的心——他们都正在浪迹天涯、浮游异乡?这看似轻松美好的招手作别,原是一腔的无奈。

> 轻轻的我走了,
> 正如我轻轻的来;
> 我轻轻的招手,
> 作别西天的云彩。

8.《再别康桥》：精神之梦是彩虹

在诗人眼中心里，康桥的一切都是美的，所以诗人皆选取其中最平凡之物，而成其为一个个美好的意象。以小写大，是诗人匠心之所在。

> 那河畔的金柳，
> 是夕阳中的新娘；
> 波光里的艳影，
> 在我的心头荡漾。

把河畔那夕阳中的"金柳"比作"新娘"，有了生命，青春偶像，这是多么美的意象啊！而且它华贵、亮丽、轻柔、娇艳，光彩照人。

情在景中，景在心中，这是诗人感情的第一级。

> 软泥上的青荇，
> 油油的在水底招摇：
> 在康河的柔波里，
> 我甘心做一条水草！

青荇，本是普通的水草。它美，是因为它在水底"招摇"，有了情趣，有着幸福而骄傲的姿态；它"招摇"，是因为它生长在康河的柔波里。而诗人就是在这康桥的精神、文化之河的"柔波里"成长的,只是此时,他不想离开,所以甘愿做一条水草,要永远留在这康河里。这时,诗人已不止是喜欢,而是甘愿将自己留在这里,做这其中的一个部分了。这是诗人感情的升级

> 那榆荫下的一潭,
> 不是清泉,是天上虹,
> 揉碎在浮藻间,
> 沉淀着彩虹似的梦。

这节是过渡:由写小景,到写康桥;由写我身,到写我神。同样只是"榆荫下的一潭",再普通不过,但它已不止是一泓"清泉",而是诗人精神的一部分,是精神之虹,七彩斑斓,横贯心宇,也是诗人的追梦之"梦";而且这虹,已完全融入在康桥包括这浮藻之间。这是更深刻的美景。此时,已经由写外在之我,写到了精神之我,是诗人感情的再一次升级。

同时引出下文:

> 寻梦?撑一支长篙,

>   向青草更青处漫溯,
>   满载一船星辉,
>   在星辉斑斓里放歌。

"寻梦"一问,意象转变。这"更青处",也不再是自然之景,而是"寻梦"到了别一种境界——康桥的文化和精神世界了。在这个世界里,诗人有了丰盈而灿烂的精神所获,"一船星辉","满载"而归;有他生命中最嘹亮的青春放歌!诗人对此无限感激,终生难忘。这是诗人留恋的最根本原因,是诗人感情的最高级。如果说前面写的都是小景,是烘云托月,那么现在写的才是康桥,是诗人的着力之处,是诗眼了。

>   但我不能放歌,
>   悄悄是别离的笙箫;
>   夏虫也为我沉默,
>   沉默是今晚的康桥!

"悄悄"照应开篇"轻轻"。本要"笙箫"却"悄悄",是无以言表的离别之痛,以至于夏虫沉默、康桥沉默。以无情之物侧写有情之人,该是诗人已经痛到极处。此处无声胜有声。

> 悄悄的我走了，
> 正如我悄悄的来；
> 我挥一挥衣袖，
> 不带走一片云彩。

回到开篇。"悄悄的""悄悄的"，同样是在压抑内心的激动，但"悄悄的"与"轻轻的"不同，没了这"轻"字，不仅有变化之美，而且因为满怀赞美与感激的心绪，内心更加沉重。

"不带走一片云彩"——诗人以和康桥作别的决绝之心，表达了对康桥更深挚的爱，和更无奈的离愁别绪。

9 《琵琶行》：
一曲抵心见月明

《琵琶行》是一首抒情性很强的长篇叙事诗。诗人于唐代宗元和十年（815）被贬为江州司马，郁结的情怀极欲宣泄，终于在次年秋天到江边送客时遇到了这位琵琶女，既感伤她的不幸，又联想到自己所遭受的打击，唱出了"同是天涯沦落人，相逢何必曾相识"的心声。作者运用多种手法，表现了独特的艺术境界，抒发了情怀，获得了力量。

全诗语言平白如话，通俗易懂。而其精彩之笔、独特之处，又恰恰在这平白之中。

全诗分为两部分，前面重在音乐——琵琶曲所构成的意境；后面重在介绍人物的遭遇。不同表达，构成呼应。

诗的开头，写诗人与朋友作别之时，因为满怀离愁别绪又没有音乐排遣的凄惨心情，并以"别时茫茫江浸月"环境相衬：

浔阳江头夜送客,

枫叶荻花秋瑟瑟。

主人下马客在船,

举酒欲饮无管弦。

醉不成欢惨将别,

别时茫茫江浸月。

接下来，写琵琶女出场，诗人和朋友重新摆酒，欣赏演奏。无疑，琵琶女美妙绝伦的演奏，是诗歌的精彩之笔、点睛之处。也正因为如此，《琵琶行》被誉为描写音乐最好的名篇之一。一方面，诗人通过诸如拟声、比喻、通感等多种手法表现了琵琶女的演奏之美，语言富有乐感，读来如临其境；另一方面，也是更重要的方面，是诗人通过对音乐的描摹，描绘出了音乐所创造出的独特意境。

"音乐是人类的通用的语言。"（塞·罗杰斯）这语言，就是音乐本身创造出的意境所表达出来的思想感情。这是诗人和演奏者琵琶女产生"共鸣"的先决条件。

由此可知，如果仅停留在欣赏描写音乐的辞彩亦或是手法上，那自然是不够的，弄不好还可能导致对演奏者情感理解上的错乱；同样，如果不懂诗歌本身的思想意义，要读好这首诗，也是不可能的。所以，重要的，还要把功夫放在体会诗人所描绘的、音乐所创造的意境，以及诗歌本身所具有的思想、情感及其内在逻辑上。

我们来看演奏者所创造的意境：

转轴拨弦三两声，
未成曲调先有情。

这里一个"情"字统领下文（整个音乐）。那么这个"情"，又指什么呢？

> 弦弦掩抑声声思，
> 似诉平生不得志。

诗人从"弦弦掩抑声声思"中听出来了：是"不得志"的抑郁之情。其实，这还不是演奏者要演奏的曲目（曲目是《霓裳》和《六幺》），而是"低眉信手续续弹，说尽心中无限事"。"信手"者，乃由"心"来，是心中之事，是心中之情。

即便是《霓裳》《六幺》，因为演奏者不同，也就有了不同的艺术效果，也即不同的意境与言说。

> 大弦嘈嘈如急雨，
> 小弦切切如私语。

这两句，看似在简单地描摹声音，实则创造了一种意境：一面是急雨袭来般的周遭环境，一面是直达心底的思考与追问。这是激烈的矛盾冲突的反映，是演奏者琵琶女和诗人共有的思想和情感经历。

> 嘈嘈切切错杂弹,
> 大珠小珠落玉盘。
> 间关莺语花底滑,
> 幽咽泉流冰下难。

"嘈嘈切切错杂弹",表明矛盾正在激烈地冲突。这四句给人的感觉是,一种清纯、婉转、轻柔的力量,正在遭受压抑、凝滞,不得释放。这便是一个"难"字。

> 冰泉冷涩弦凝绝,
> 凝绝不通声暂歇。

"凝绝""暂歇",是凝滞不通所达到的程度。矛盾冲突已经达到极点。但毕竟是"哪里有压迫哪里就有反抗",此时一定是有一种力量正在发生,正在积蓄:

> 别有幽愁暗恨生,
> 此时无声胜有声。

当这力量累积到一定程度时,就是强有力地爆发:

>银瓶乍破水浆迸,
>铁骑突出刀枪鸣。

这不是消极地承受,更不是自我崩溃,而是一种"挣脱"的力量,一种和所遭遇的环境"抗争"的潜在的、本能的、自我的、强大的生命力量。

>曲终收拨当心画,
>四弦一声如裂帛。
>东船西舫悄无言,
>唯见江心秋月白。

"当心"一"画",乃是力量汇聚于心。接着便是"裂帛"般的冲破,继而是"唯见江心秋月白"的开阔、清澈、淡然与豁然。

后诗交待琵琶女和诗人自己的身世经历,这可以看作是前诗或者音乐的呼应与"注脚"。

>十三学得琵琶成,
>名属教坊第一部。
>曲罢曾教善才服,

妆成每被秋娘妒。

写她才艺高、遭人妒。这是她的遭遇之一，也是音乐中所表现出来的矛盾冲突之一。

五陵年少争缠头，
一曲红绡不知数。
钿头银篦击节碎，
血色罗裙翻酒污。
今年欢笑复明年，
秋月春风等闲度。
弟走从军阿姨死，
暮去朝来颜色故。
门前冷落鞍马稀，
老大嫁作商人妇。

写她曾经有人狂追热捧、春风得意的少年时光，写她遭遇不幸、颜色渐衰之后遭遇冷落的不甘。这是她音乐中所表现出来的矛盾冲突之二。

商人重利轻别离，

前月浮梁买茶去。
去来江口守空船，
绕船月明江水寒。
夜深忽梦少年事，
梦啼妆泪红阑干。

写她一方面为维持生计不得不夫妻分离，一方面又感觉作为商人的丈夫重利薄情而心生怨意。现实中遭遇丈夫的"冷漠"，与她青春本能的恣意挥洒，也就是既为人妇却又"夜深忽梦少年事，梦啼妆泪红阑干"的内心的纠结，甚或说是"我"与"命运"的抗争。无疑，这又是她音乐中所表现出的矛盾冲突，此为三也。

没有先写他们身世经历的好处是：一方面描写演奏之美是重点、是诗眼，一下子抓住了读者的心；另一方面，读者绝不会先入为主，以其身世遭遇来解释音乐。

演奏之后，诗人发出"同是天涯沦落人，相逢何必曾相识"的感慨。紧接着，诗人自述经历。"今夜闻君琵琶语，如听仙乐耳暂明"，直接说"琵琶语"，正是"音乐，就是语言"；"暂"，表示时间短，即"顿时""一下子"的意思，正与"唯见江心秋月白"互释，也与开头的"别时茫茫江浸月"呼应。

座中泣下谁最多?

江州司马青衫湿。

"泣",眼泪。这湿衣之"泪"为何泪?当然有感伤之泪,但更多的是获得了力量之后的感动之泪。

10 《登高》：
又是新悲上酒杯

杜甫的《登高》一诗，被誉为"古今七律之冠"，作于唐代宗大历二年（767）秋天的重阳节，是一首典型的"悲秋"之作。

全诗可以分为两层：前四句写"秋景"，即诗人眼前的所见之景；后四句写"秋人"，即诗人心中的所生之情。

风急天高猿啸哀，渚清沙白鸟飞回。

诗的开头两句，写了六种秋季来临之时的"自然"之景：风、天、猿、渚、沙、鸟。一仰一俯，有动有静，满眼都是"秋"的景象；尤其一个"急"字，给人一种季节变换的急促之感——秋啊，来得太快了！此时此刻，猿在长声哀鸣，鸟在留恋盘旋。这里既是猿、鸟的动物情感，也是此景此情之下人所产生的悲凉心景。听觉视觉，所闻所见，满心

的悲凉，构成了诗的悲凉意境。

因"哀"而"悲"，是全诗的感情基调，而且贯通全诗。

无边落木萧萧下，不尽长江滚滚来。

"无边"写空间之广，写普遍性；"木"的本义就是"树"，"落木"指飘落的树叶。叠音词"萧萧"和"下"本来都有动感，用在一起，就有了众多和持续的下落感，这就让人本已悲凉的心理，不断加重加深。"不尽"是写长江水无穷无尽，奔流不息；叠音词"滚滚"和一个"来"字，有连续不断的滔滔动感。这里既有永恒感，又有瞬间的逝去感，让人感到生命的渺小与短暂。

这两句，无限的空间与永恒的时间，构成了整个"宇宙世界"的"悲凉"意境，也必然引发人类乃至一切有情趣的动物共有的"悲凉"之感。

万里悲秋常作客，百年多病独登台。

"万里"，离家万里，此为一悲；"悲秋"，正是悲秋时节，此为二悲；"常"，常年，此为三悲；"作客"，此时想到自己常年客居他乡，此为四悲；"百年"，自己已到晚年，此为五悲；"多病"，身体多病，此为六悲；"独"，独自，此为七悲；"登台"，独自一人来此登高，此为八悲。两句诗十四字八重悲，这也许正是宋代罗大经所说的"八层意思"。这两句，从普遍意义的"悲秋"，写到个人的悲凉境遇，自然是悲上加悲。

但诗人一生忧国忧民，何曾将个人境遇、个人感受萦结于胸？所以诗的最后，又回到了大情怀和高境界：

艰难苦恨繁霜鬓，潦倒新停浊酒杯。

"艰""难"二字，既写国家命运，也写个人遭遇。"苦恨"是因此而产生的愁苦与憾恨。"繁霜鬓"，使白发明显增多。

正因为如此，"潦倒新停浊酒杯"中的"潦倒"，不是贫困潦倒，也不是贫病潦倒，而是觉得自己平生之志不能实现的失意潦倒，是精神上的困顿。也因此，"新停浊酒杯"不应是穷困到没有酒喝，或者因为身体有病而不能喝酒；此"停"者，乃"滞"也。是未曾举杯，失意的情绪又袭上心头；是心绪不畅，酒杯难端，浊酒难释。和前句照应，形成了诗人所特有的"沉郁顿挫"的"悲壮"情绪与诗风。

悲秋而悲己，悲己而悲国，使诗的思想境界更上一层。

11 《锦瑟》：
要解之"难"为何难

有人说，《锦瑟》是李商隐最难索解的作品之一，而诗家又素有"一篇《锦瑟》解人难"的慨叹。那么它究竟能解何人之难，又是人之何难？

全诗可以分为三个层次：

第一层，总领起：

> 锦瑟无端五十弦，一弦一柱思华年。

"无端"：是没有来由的、无缘无故的。没有来由，还要问个来由——为什么它"一弦一柱"之间，能表达出又饱含着人们对人生境遇的情绪和思考？这表面是对"锦瑟"的"质疑"，实则是弹者、听者对于人生的"慨叹"！

"思"，不是思念，是思考。同时引出下文。

11.《锦瑟》：要解之"难"为何难

第二层，说人生：

庄生晓梦迷蝴蝶，望帝春心托杜鹃。

沧海月明珠有泪，蓝田日暖玉生烟。

这四句用典。"庄生晓梦迷蝴蝶"即"庄周梦蝶"，体现的是作为人生哲学家的庄周对"超然物外"甚至"无待无我"的生命状态、精神境界的向往和追求。他要摆脱无限欲望，他要追寻一颗宁静而自由的心魂。一个"迷"字，写出了他追求的程度。而"望帝春心托杜鹃"恰是反例，是因为

望帝有"欲望",执着于世事世务世情,才化为杜鹃鸟,哀鸣啼哭,以至口中流血。"沧海月明珠有泪,蓝田日暖玉生烟",这两句都是美丽的传说,写的是别一种形式的"执着":因为月亮容易引人联想和思念,久之,则鲛人的眼泪变成了大海的珍珠;因为日照的暖意,久之,则玉石也便发热生烟。这可真是那句话——"天若有情天亦老,人间正道是沧桑"。

四个典故没写一个"情"字,却句句有"情"。但这个"情"不是爱情之"情",也不只是人间之情,还有人与万物的情,物与物的情。此乃"大情"。它揭示出:人对待世界、对待万物态度的不同,就会有不同的人生。庄周和望帝就是很好的例子。可是一般人,因为对外物、对人生"执迷不悟",就必然会产生喜怒哀乐,甚或"倒悬之苦"。这就是普遍的人之困、人之难,也即精神之困、精神之难。真是一个"情"字了得。

第三层,"情"作结:

> 此情可待成追忆?只是当时已惘然。

说完了大的人生况味,再说眼下之"情"。无论这"情"为何情,但一定都是过眼烟云。"可待",就是可以等待,就是用不了太久。也就是说：现在想想，之所以有过纠结，有过困顿，只不过是因为那时那景，我们一时的迷茫、不觉悟，陷入执着罢了。显然，诗人已经从大的人生况味中，品透了人生，己心之"难"，业已释然豁然！

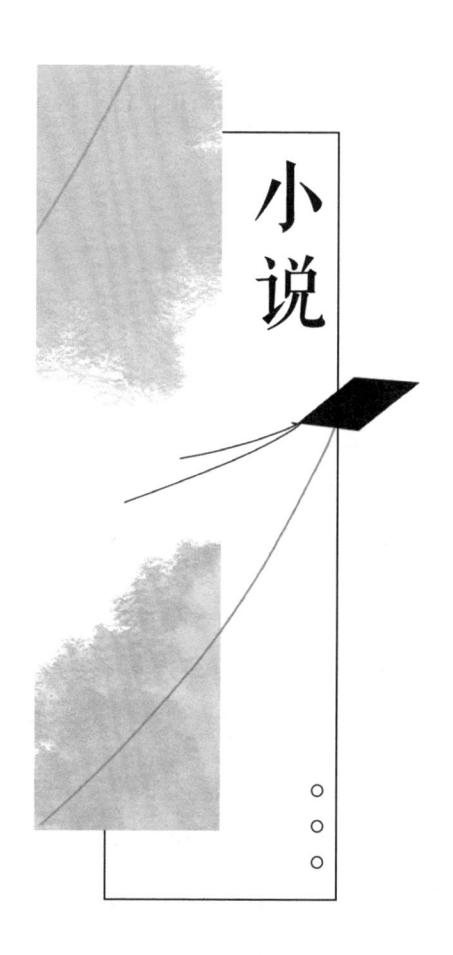

小说

关于小说阅读

小说，是一种叙事性文学体裁，通过人物的塑造和情节、环境的描述，来概括地表现社会生活的矛盾。人物形象、故事情节、典型环境（自然环境和社会环境）是小说的三要素。刻画人物是小说的重心。

培养阅读和欣赏小说的能力，主要指培养能够读懂小说的情节、人物和环境的能力。也就是，首先要能够正确地概括故事情节，能够用简明的语言表述情节的主要内容和发展过程，弄清情节的开端、发展、高潮和结局；其次要能够抓住小说语言，从塑造人物的方法入手（包括对人物外貌、行为、语言和心理描写，也包括对典型环境的描写），看作者塑造了怎样的人物形象，怎样塑造的；表现了怎样的主题，怎样表现的。在把握个性的基础上，进一步理解人物的共性，从而理解其深刻的社会意义和审美价值。

12 《林黛玉进贾府》：
贾府，原是别一个世界

高中语文教材的《林黛玉进贾府》一文，选自《红楼梦》第三回。需要说明的是，要真正读懂此文，一定要结合《红楼梦》原著。

本文，作者首先用大量的笔墨，描写了贾府环境，其目的是极写贾府的气派荣华。从整部小说来讲，这样写，正是为了写那"石头"，因为那石头就是为享一享荣华富贵才下世的，这也就照应了第一回那僧人说的话："携你到那昌明隆盛之邦、诗礼簪缨之族、花柳繁华地、温柔富贵乡那里去走一遭。"

人物刻画是小说的核心要素。本文涉及的人物很多，各个都特点鲜明，但并不是每个人物都贯穿全文，反映文章主旨大意，其中必有主次之分。就本文而言，黛玉和宝玉，无疑是主要人物，而且贾宝玉是全书的主人公。

而中国古典小说，主要是通过对人物的外貌、神态、语

言、动作等描写来塑造人物的,所以细读并体会描写黛玉、宝玉外貌、神态、语言、动作的语句,是欣赏作者匠心之笔,体会人物性格特点,理解小说矛盾情节,感悟小说主题意涵的关键和途径。

我们先看黛玉。

从外貌、神态上写黛玉,主要有两处。

一是众人眼中的黛玉:

众人见黛玉年貌虽小,其举止言谈不俗,身体面庞虽怯弱不胜,却有一段自然的风流态度,便知他有不足之症。

二是宝玉眼中的黛玉：

两弯似蹙非蹙罥烟眉，一双似喜非喜含情目。态生两靥之愁，娇袭一身之病。泪光点点，娇喘微微。闲静时如姣花照水，行动处似弱柳扶风。心较比干多一窍，病如西子胜三分。

第一句，用"不俗"和"风流态度"总写黛玉的"自然"风韵（这与绛珠仙草呼应；与第十七回写宝玉"呆痴不改"问"天然"二字为何意，异曲同工）。第二句，写眉、写眼，写愁绪，写病态，写娇又写弱；写其美更写其性格："心较比干多一窍"，是其"不俗"之映照。

通过语言、行动写黛玉。

文中交代，黛玉初到贾府，是"步步留心，时时在意，不肯轻易多说一句话，多行一步路，唯恐被人耻笑了他去"。这可以看作是黛玉语言行动描写的一个提领。对这个"不肯轻易多说一句话，多行一步路"的黛玉语言、行动的描写，作者是慎重又慎重的，不写则已，写出来就耐人寻味。

我们看黛玉的第一句话：

黛玉道："我自来是如此，从会吃饮食时便吃药，到今日未断，请了多少名医修方配药，皆不见效。那一年我三岁时，听得说来了一个癞头和尚，说要化我去出家，我父母固是不从。他又说：'既舍不得他，只怕他的病一生也不能好的了。若要好时，除非从此以后总不许见哭声；除父母之外，凡有外姓亲友之人，一概不见，方可平安了此一世。'疯疯癫癫，说了这些不经之谈，也没人理他。如今还是吃人参养荣丸。"

这话看似平常，却值得推敲。

"那一年我三岁时，听得说来了一个癞头和尚，说要化我去出家，我父母固是不从"，让她出家，是为了她的病好，可是没从。用那癞头和尚的话说，"既舍不得他，只怕他的病一生也不能好的了"。要好，倒也有可能，那就有第二个条件了——"若要好时，除非从此以后总不许见哭声；除父母之外，凡有外姓亲友之人，一概不见"。送黛玉到贾府，必然要见父母之外的亲友了。这又没听和尚的话。

"出家"和"凡有外姓亲友之人，一概不见"，黛玉都没有做到。这就是说，黛玉已经处在小说的"矛盾"之中了。矛盾推动小说情节的发展。在癞头和尚看来，这就注定了"心较比干多一窍"的黛玉，既要流泪，又要为情而困而死了。这是小说一个不可忽视的情节，也是一个细节。有人说这部分是阅读《红楼梦》的纲目,道理就在于此。

黛玉的第二句话:

> 舅母爱惜赐饭,原不应辞,只是还要过去拜见二舅舅,恐领了赐去不恭,异日再领,未为不可。望舅母容谅。

这话说得一点毛病没有,而且太得体了,表现出的是黛玉的懂事晓理、小心谨慎。同时,我们也能体会出这样的意涵:这里写她的"小心",也是写她后来沾惹宝玉的"不小心"。

黛玉的第三句话,出现在一个极其郑重的场合——这点必须注意,是王夫人在第一时间、特意单独找她嘱咐又嘱咐之后,她回答王夫人的话:

> 舅母说的,可是衔玉所生的这位哥哥?在家时亦曾听见母亲常说,这位哥哥比我大一岁,小名就唤宝玉,虽极憨顽,说在姊妹情中极好的。况我来了,自然只和姊妹同处,兄弟们自是别院另室的,岂得去沾惹之理?"

王夫人嘱咐不让她沾惹宝玉,黛玉答的是:"况我来了,自然只和姊妹同处，兄弟们自是别院另室的，岂得去沾惹之礼?"她认为不沾惹的前提是什么？是兄弟们"别院另室"，而不是她提醒自己千万小心。结果呢？是她和宝玉同住在贾母那里，后来又同住大观园。这为下文"沾惹"了宝玉，伏下一笔。这又是一处"矛盾"，而且是个大矛盾。

既然"沾惹"了，那么"从此以后总不许见哭声"，也就没有了可能——"还泪"来了。当然，她也就无法"平安了此一世"了。

第四句，是黛玉忖度了又忖度的一句：

> 我没有那个。想来那玉是一件罕物，岂能人人有的。

如此小心谨慎的黛玉，这话说出来该是一点问题都不会有的吧。可还是弄出麻烦来了："宝玉听了，登时发作起痴狂病来……"为啥？不是说错了，是她根本就不应该说，因为她根本就不能见"外人"（况且还是宝玉）。这情节呼应了前文，引出了后文。

黛玉的行为举止，都是非常小心得体的，比如：

> 老嬷嬷们让黛玉炕上坐，炕沿上却有两个锦褥对

设,黛玉度其位次,便不上炕,只向东边椅子上坐了。

……

王夫人却坐在西边下首,亦是半旧的青缎靠背坐褥。见黛玉来了,便往东让。黛玉心中料定这是贾政之位。因见挨炕一溜三张椅子上,也搭着半旧的弹墨椅袱,黛玉便向椅上坐了。王夫人再四携他上炕,他方挨王夫人坐了。

写足了黛玉的小心谨慎,反衬的则是她在后面"大事"上的不小心、不谨慎。

总之,黛玉"不俗"——初写黛玉第一笔——是我们应该紧紧抓住的一个词。因为她的前身是"绛珠仙草",本来就不是俗世之物;投到人世,又一心只为"还泪",从没想过和俗世中的哪一位该如何相处,更不去讨好哪个人。她不入俗,也没有被世人"同化",真正是"质本洁来还洁去",这个"洁",就是不沾染一点"俗世"中的"世俗"之气。这一点,和那神瑛侍者所投之胎宝玉,和那为享受富贵荣华而下世的"石头",是一样的。正因为这样,黛玉(也包括宝玉)一般不被人接受,也不被读者接受,因为我们是用世俗的"价值观"来看待她的。反倒只有宝玉接受她,爱她,不仅爱她的人,更爱她的"质"——世界观,他们都不喜欢这个俗世!

他们与这个世界的矛盾,推动着整个小说的情节发展。也包括本文。

再看宝玉。

对宝玉的两次描写,更值得欣赏玩味。

第一次描写,换衣服前:

> 头上戴着束发嵌宝紫金冠,齐眉勒着二龙抢珠金抹额;穿一件二色金百蝶穿花大红箭袖,束着五彩丝攒花结长穗宫绦,外罩石青起花八团倭缎排穗褂;登着青缎粉底小朝靴。面若中秋之月,色如春晓之花,鬓若刀裁,眉如墨画,面如桃瓣,目若秋波。虽怒时而若笑,即瞋视而有情。项上金螭璎珞,又有一根五色丝绦,系着一块美玉。

第二次描写,换衣服后:

> 头上周围一转的短发,都结成小辫,红丝结束,共攒至顶中胎发,总编一根大辫,黑亮如漆,从顶至梢,一串四颗大珠,用金八宝坠角;身上穿着银红撒花半旧大袄,仍旧带着项圈、宝玉、寄名锁、护身符等物;下

面半露松花撒花绫裤腿，锦边弹墨袜，厚底大红鞋。越显得面如敷粉，唇若施脂；转盼多情，语言常笑。天然一段风骚，全在眉梢；平生万种情思，悉堆眼角。

这两段描写，妙在作者用"三色法"（从不同角度、不同层次多次描写同一个对象），通过换衣服前后两次描写，写足了他的穿着和外貌，也就是"形"。写得充实饱满，又不重复啰嗦。

不要忘了，贾宝玉之"形"，实乃神瑛侍者所投之胎（这是小说中有交代的），所以要写足，写得神采飞扬、风情万种，而且写的还都是"好"处。但他的"神"（魂）却有那石头——通灵宝玉——参与其中。

《西江月》二词，乃是写其"神"。

"看其外貌最是极好，却难知其底细。后人有《西江月》二词，批宝玉极恰"。

其词曰：

无故寻愁觅恨，有时似傻如狂。纵然生得好皮囊，腹内原来草莽。　潦倒不通世务，愚顽怕读文章。行为偏僻性乖张，那管世人诽谤！

富贵不知乐业，贫穷难耐凄凉。可怜辜负好韶光，于国于家无望。天下无能第一，古今不肖无双。寄言纨袴与膏粱：莫效此儿形状！

写其"神"，作者先用了"底细"一词，让人一看，便知有秘密，甚至有些"不地道"，妙极。

这二词写的正是"宝玉"一生情状。细品，二词角度又有不同。前词，是写他看这个世界：他愁，他恨，他不满，他不通，他坚持；后词，是写世人——"这个世界"看他：他无用，他不肖，他不惜富贵，他不惜时光。这是总写他的内在特质，总写他与这个人世的矛盾与冲突，也就是他的"世界观"和这个"世界"格格不入甚至激烈冲突。他喜欢"女儿"（小说前文已有交代。但要注意，不是女人），是喜欢女儿的清、纯、真、洁、美和善，由此我们似乎也看到了他"世界观"的基本取向：他希望这个世界是清的、纯的、真的、洁的、美的和善的。但他感受到的却不是。这个矛盾和冲突，正是小说"大悲剧"的前因。

这里，作者用春秋笔法，写出了一个形、神各具特质但又真实的贾宝玉。

这个矛盾的结果（也即后面的情节）是：石头后悔（感慨："枉入红尘若许年"，又回到了大荒山无稽崖青埂峰下），宝玉出家。

13 《药》：
一个"愚昧"了得

在谈到自己的小说创作时，鲁迅先生曾说："我的取材，多采自病态社会的不幸的人们中，意思是揭出病苦，引起疗救的注意。"(《我怎么做起小说来》)。

《药》，即是他这一创作思想的代表作之一。从这篇小说中我们看出，"愚昧"无疑是他所揭出的社会的"病态"；而因愚昧导致的人们的"不幸"，则是他所揭出的"病苦"。

读这篇小说，我们的心自始至终都是沉重的。看起来这里好像有"正面"人物、"反面"人物，但其实他们每一个都是不幸的、可悲的。

小说中的每一个人，都是愚昧到"病态"的。华老栓、华大妈、华小栓、夏四奶奶、夏三爷、康大叔、红眼睛阿义……有名的，没名的；因为愚昧，他们自欺欺人、无意识地服从；因为愚昧，他们做惯了奴隶，谁反抗，就认为他真是"疯了"。结果，他们都是要么躯体、要么精神的被杀、自杀或者杀人。在作者看来，疗救民众的精神之病，是个重大、严峻而急迫的社会使命。

小说以"药"为线索，描写了典型环境，并通过"买药""吃药""议药""上坟"（笔者称之为"思药"）情节中的动作、语言、神态、心理等细节描写，细腻而传神地表现了人物"愚昧"的精神状态。

小说开篇，写环境，也是通过环境写人：

> 秋天的后半夜，月亮下去了，太阳还没有出，只剩下一片乌蓝的天；除了夜游的东西，什么都睡着。华老

栓忽然坐起身，擦着火柴，点上遍身油腻的灯盏，茶馆的两间屋子里，便弥满了青白的光。

月亮下去，太阳还没有出，一片乌蓝的天——按说，是该有星光的，却没有；"除了夜游的东西，什么都睡着"——只剩下夜游的东西，那么此时就算有人出来，也不过是"夜游的东西"了，买药者、卖药者、杀人者、看客们（看杀人者），无疑不是幽灵般的；点着了灯盏的两间屋子，"弥满了"的是"青白的光"，给人的感觉，好像不只是弥满了整个的屋子，也弥满了人的心。这一切，都是没有生气的恐怖。

写老栓，用的是特写：

"唔。"老栓一面听，一面应，一面扣上衣服；伸手过去说，"你给我罢。"

华大妈在枕头底下掏了半天，掏出一包洋钱，交给老栓，老栓接了，抖抖的装入衣袋，又在外面按了两下；便点上灯笼，吹熄灯盏，走向里屋子去了。

写他救子心切，用了三个"一面"；他没钱（华大妈掏了半天，掏出一包洋钱），他心疼钱，但他又确信、坚信——"你给我罢"（坚定的语气），然后"抖抖的装入衣袋，又在外面按了两下"。他是把儿子生的希望，完全赌在这一把上了。作者通过细节动作，描写了他心疼钱但又坚定的矛盾心理，表现的正是他的愚昧无知。

> 街上黑沉沉的一无所有，只有一条灰白的路，看得分明。灯光照着他的两脚，一前一后的走。有时也遇到几只狗，可是一只也没有叫。天气比屋子里冷得多了；老栓倒觉爽快，仿佛一旦变了少年，得了神通，有给人生命的本领似的，跨步格外高远。而且路也愈走愈分明，天也愈走愈亮了。

此时他眼前是黑沉沉的，心中也没有了一切，只有这条路是分明的，所以也便走得特别的坚定。这是写他的愚昧程度。

接着，作者给了他一个特写镜头：他的脚、他的腿，"一前一后"地走。这也便似一个"无头"的人，就像路边那几只狗，一点不叫，也只是机械地走。但一想到"药"，可就大不一样了。他一下子像注入了一种力量，完全成了另一个人，心里爽快，像是忽然间变成了少年，得了神通，而且"有给人生命的本领似的"——能给人（儿子）生命了。写他的被欺、自欺与欺人（他儿子被愚昧所杀，他就是杀人者之一）。想到这，便"跨步格外高远"（还是写他的腿、他的脚，而这都是没有思维、无意识的东西），一下子路也愈加分明，心中有了"光亮"。他已经愚昧到疯癫状态。所以当他拿到"药"——一个新的生命，将移植到他家里——的时候，他"收获许多幸福"。这是反笔，是对他愚昧程度的讽刺。

写其他人。

那等血卖"药"的，"很像久饿的人见了食物一般，眼里闪出一种攫取的光"。写出他对钱的贪婪，对被害人生命的麻木和冷酷。

写那些看客，是借老栓所见，侧面来写的。但在"老栓"眼中，他们都不是"人"：

> 仰起头两面一望，只见许多古怪的人，三三两两，鬼似的在那里徘徊；定睛再看，却也看不出什么别的奇怪。

许多"古怪的人"，都"鬼似的"，当然这是老栓的直觉。"定睛再看，却也看不出什么别的奇怪"——众人也不过是这样，就该是这样，见怪不怪了。人也是鬼，这是对众人讽刺性的白描。

> 老栓也向那边看，却只见一堆人的后背；颈项都伸得很长，仿佛许多鸭，被无形的手捏住了的，向上提着。静了一会，似乎有点声音，便又动摇起来，轰的一声，都向后退；一直散到老栓立着的地方，几乎将他挤倒了。

这是一群无意识的、麻木的看客。他们"颈项都伸得很长，仿佛许多鸭，被无形的手捏住了的，向上提着"。这无形的手是什么？不是别人，而是他们共有的"愚昧"。他们已经愚昧到无知无觉、无声无息，愚昧成毫无头脑的低级动物。用愚昧人看愚昧人，这是作者的匠心和力道所在。

华大妈同样也把希望完全寄托在这"乌黑的圆东西"上了：

> 吃下去罢，——病便好了。

这个破折号，看似一种语气——稍有停顿，其实是在写心理活动的延伸，表明了她对这药有所怀疑而后又抱定信心；对儿子的病由绝望到充满了希望；是在宽慰儿子也是在安慰自己。她也是自欺欺人。

在"议药"处,作者主要通过语言描写,刻画了一群愚昧以至于麻木不仁者的群像。

康大叔:他信息最灵,也是自认为这一群人中最能判断"大是大非"的聪明人。

谈论起那个被杀的人,他说:

谁的?不就是夏四奶奶的儿子么?那个小家伙!

这里用反问句作答,表明他的确信和熟知。看来,这杀掉的,是他熟悉的邻家夏四奶奶的孩子无疑,而且是他看着长大的"小家伙"。谈到这"小家伙"的死,他没有一点惋惜,反而"格外高兴",不仅是他因此得到了一笔钱,而且他认为这"小家伙"真是该死。他惋惜的,只是"剥下来的衣服"都给管牢的红眼睛阿义拿去了;羡慕夏三爷因为告密得了二十五两雪白的银子。

愚昧的最高形态,该是"做惯了奴隶"。当了太久的奴隶,反而觉得"觉悟者"是离经叛道。因此也便杀人。

可悲的是,这样的人不是一个,而是一群。

康大叔说:"这小东西也真不成东西!关在牢里,还要劝牢头造反。"认为"这大清的天下是我们大家的"根本就不是人话。认为不但这"小东西"不能得大清的天下，自己（大家）也根本就不应该得。

阿义，是借康大叔之口来写的，"是去盘盘底细的"，听说要造反，认为那是"老虎头上搔痒"，于是"便给他两个嘴巴"，然后告了密。

听说"这小东西"在牢中的所言所为，其他人都气愤不过，各个陈词"正义"。"啊呀，那还了得。"于是"很现出气愤模样"。这是那个二十多岁的人。

"义哥是一手好拳棒，这两下，一定够他受用了。"壁角的驼背忽然高兴起来。

"打了这种东西，有什么可怜呢？"这是那个花白胡子的人。

当明白了"这小东西"是说阿义的愚昧真正是"可怜可怜"时，他们又都气愤得不得了，就像说了自己一样，都争着"恍然大悟"地说："阿义可怜——疯话，简直是发了疯了。""发了疯了。""疯了。"

这些人都是在"杀"人，也都在被"杀"。

而在两位母亲上坟（"思药"）这一情节，我们看到的还是愚昧。

> 西关外靠着城根的地面，本是一块官地；中间歪歪

13.《药》：一个"愚昧"了得

> 斜斜一条细路，是贪走便道的人，用鞋底造成的，但却成了自然的界限。路的左边，都埋着死刑和瘐毙的人，右边是穷人的丛冢。两面都已埋到层层叠叠，宛然阔人家里祝寿时候的馒头。

"中间歪歪斜斜一条细路"，本来是"贪走便道的人，用鞋底造成的"，但久而久之，却成了一条宽宽的心理鸿沟；这条用鞋底造成的"自然的界限"，也便成了人们精神的界限：一面可能是愚昧的勇敢挑战者（形容进步的、革命的恰恰也用"左"，这也是作者的用意所在），一面则是愚昧的坚决维护者（与"左"相对）。看起来，死法不同，其实都是被愚昧所杀，不过是要么躯体被杀，要么精神被杀（所以又只是"一条细路"），而且"两面都已埋到层层叠叠"。这里，表面是写坟地，其实还是写人的愚昧。

而且，这愚昧还在继续：

这华大妈"化过纸，呆呆的坐在地上；仿佛等候什么似的，但自己也说不出等候什么"。那么她等候的该是什么呢？她等的，是她觉得似乎应该有，但又说不出的东西。这东西，作者没有直说。

那么，我们先看看夏四奶奶吧。她：

忽然见华大妈坐在地上看他，便有些踌躇，惨白的脸上，现出些羞愧的颜色；但终于硬着头皮，走到左边的一坐坟前，放下了篮子。

她踌躇，她羞愧，是她心中有"阴影"：因为她至今也不懂儿子为什么这么做；她羞愧，是因为儿子埋在左边而不是右边。

但，后来她忽然发现：

这坟上草根还没有全合，露出一块一块的黄土，煞是难看。再往上仔细看时，却不觉也吃一惊；——分明有一圈红白的花，围着那尖圆的坟顶。

她不会晓得有人会来纪念儿子，但此时她似乎感觉到，儿子是不是被冤枉的呢？

"瑜儿，他们都冤枉了你，你还是忘不了，伤心不过，今天特意显点灵，要我知道么？"他四面一看，只见一只乌鸦，站在一株没有叶的树上，便接着说，"我知道了。——瑜儿，可怜他们坑了你，他们将来总有报应，天都知道；你闭了眼睛就是了。——你如果真在这里，听到我的话，——便教这乌鸦飞上你的坟顶，给我看罢。"

而且她已经在大喊了："瑜儿，可怜他们坑了你，他们将来总有报应，天都知道；你闭了眼睛就是了。"

正当我们要为她的忽然发现并将要有所觉悟而振奋的刹那，却被她打击了：她只相信"报应"，而且把这"报应"托付给了"天"，她的要求也只是儿子能"闭了眼"。当然，同时她把自己似乎要有的一点点"觉悟"也扼杀了。因为她不认识"花圈"，更不懂得这"花圈"乃是人们对自己儿子的"正义"所表达的敬意。

而且还不止于此。她马上又说："你如果真在这里，听到我的话，——便教这乌鸦飞上你的坟顶，给我看罢。"

这之后，就是这段环境描写：

> 微风早经停息了；枯草支支直立，有如铜丝。一丝发抖的声音，在空气中愈颤愈细，细到没有，周围便都是死一般静。两人站在枯草丛里，仰面看那乌鸦；那乌鸦也在笔直的树枝间，缩着头，铁铸一般站着。

这枯草，显然已没了生机，但它还"支支直立，有如铜丝",而且在微风中尚有"一丝发抖的声音",让人感觉它衰而不败,更像有一丝力量,或者一丝呐喊,所以虽死犹存,悲而不凉。——但这又都取决于活着的人的理解。

而此刻,这"两人"正仰面等着那乌鸦显灵——这显然是无益于理解的,所以这似乎有一点的"声音"也便"细到没有",然后"周围便都是死一般静"了,就是那乌鸦也"铁铸一般站着"。这位母亲,在儿子死这件事上一无所获,这环境、这意境,才让人感到无限的悲凉。

因为这乌鸦最终没有飞上她儿子的坟顶,而是"直向着远处的天空,箭也似的飞去了"。所以,她只好自言自语问自己:"这是怎么一回事呢?……"

知道了夏四奶奶期待显灵的事,我们也便懂得了华大妈。她等候的,应该也是"显灵",因为她也心有不甘,她认为吃了人血馒头的儿子是不会死的,结果还是死了,但没显灵。所以当她看见夏瑜坟上有花环的刹那,她"便觉得心里忽然感到一种不足和空虚",只是"不愿意根究"。"不愿意根究",是她不敢否定自己曾经的坚信。这便是自欺。

似乎她也该有所觉悟,但同样没有。因为那乌鸦也并没有飞上夏瑜的坟头。这时刻,她才"似乎卸下了一挑重担"。她也把自己似乎要有的一点点"觉悟"扼杀了。

儿子"被杀"(只不过杀的人和方式不同罢了),两位本应该有所觉悟的母亲,却都因为把答案寄托在愚昧的"显灵"上了,所以没有觉悟。愚昧,还在继续。

——但,作者却没有因此而绝望,夏瑜坟上的那花圈,就是作者所传达的希望的信息。

14 《荷花淀》：
"小""大"之辨是觉悟

孙犁的小说《荷花淀》，以其细腻的笔触，描绘了白洋淀地区人民在中国共产党领导下，英勇抗击日本侵略者的行动、爱国热忱和革命乐观主义精神。

有意思的是，作品中人物，自始至终我们都没有"看到"一个英俊或者美丽的面庞——没有肖像描写。但其中的人物形象却个性鲜明，丰满独特，就像米洛斯的维纳斯，不觉遗憾，只有难忘。塑造人物完全不用肖像描写，这无疑是作者的一个高超之处。

但也许正是这样，这小说才更有其独特之处：

第一，这人物，既有"英雄群像"特质，又是独特的"这一个"（即高度典型化）；第二，这结构，紧凑明快又有变化之美，保证了人物"个体"与"群体"的点面穿插和相互映照；第三，这效果，因为没有肖像描写，所以作者在人物的语言、动作的描写上，极尽传神细腻之功，使其更有内涵和表现力。

小说开篇，从"小"入手。先写个小环境、小场景、一个人。但"小"中有"大"，个体生命中又有群体的精神光辉：

> 月亮升起来，院子里凉爽得很，干净得很。白天破好的苇眉子湿润润的，正好编席。女人坐在小院当中，手指上缠绞着柔滑修长的苇眉子。苇眉子又薄又细，在她怀里跳跃着。

"月亮升起来,院子里凉爽得很,干净得很"。以白描的手法,从不同角度描写了一个"小"的自然环境,让人感到明亮、祥和而且舒适。尽管日本侵略者此时此地正嚣张得很,但在人民的汪洋大海中,是掀不起任何风浪的,人们不会因此而恐慌不安。侧面表现了白洋淀人民的革命乐观主义精神。

这院子的主人,勤劳,爱生活,有朝气。

写这女人勤快:"白天破好的苇眉子湿润润的,正好编席",白天劳动一天,晚上还要编席,而且把这苇眉子侍弄得恰到好处。写这女人是编席的好手、高手:"手指上缠绞着柔滑修长的苇眉子。苇眉子又薄又细,在她怀里跳跃着",通过比拟的修辞方法,写苇眉子在她怀里"跳跃着",衬托了编席人心情的欢悦与美好。

接下来,作者笔锋一转,由"小"到"大",从小场景到大环境,从这个女人写到白洋淀和白洋淀人:

> 要问白洋淀有多少苇地,不知道;每年出多少苇子,也不知道,只晓得每年芦花飘飞苇叶黄的时候,全淀的芦苇收割,垛起垛来,在白洋淀周围的广场上,就成了一条苇子的长城。女人们在场里院里编着席。编成了多少席?六月里,淀水涨满,有无数的船只运输银白

雪亮的席子出口。不久,各地的城市村庄就全有了花纹又密又精致的席子用了。大家争着买:"好席子,白洋淀席!"

这段,写白洋淀大,写白洋淀人勤劳,也写白洋淀人的生活热情和坚强、乐观、自豪、向上的精神风貌。白洋淀大、白洋淀苇子多、白洋淀席子好,烘托了白洋淀人的劳动干劲和革命力量的"无限"之大。两句设问,答案都是"不知道",因为"无法知道",表现出了白洋淀人十足的自信心和自豪感。

先写一个——"这女人",是小说的开端。

这女人编着席。不久,在她的身子下面就编成了一大片。她像坐在一片洁白的雪地上,也像坐在一片洁白的云彩上。她有时望望淀里,淀里也是一片银白世界。水面笼起一层薄薄透明的雾,风吹过来,带着新鲜的荷叶荷花香。

这是一个特写。不只是人物的特写,也是环境的特写。写人物:"不久,在她的身子下面就编成了一大片。她像坐在一片洁白的雪地上,也像坐在一片洁白的云彩上。"通过鲜明、形象、生动的比喻，把这女人技术高超、心情愉悦所产生的"劳动之美"写到了极致。写环境："她有时望望淀里，淀里也是一片银白世界。水面笼起一层薄薄透明的雾，风吹过来，带着新鲜的荷叶荷花香。""一片银白"之上"笼起一层薄薄透明的雾"，带着香气扑面而来，构成一幅带着生活气息的美景。

真个是："你站在桥上看风景，/看风景的人在楼上看你。……"这女人、这环境，巧妙融合，互相衬托，所构成的另一道风景，诗情画意，充满生机。

这女人的丈夫一回来，"矛盾"也便出现了，而且这一个个矛盾，推动了情节的发展。当然也正是他们处理这"矛盾"的一言一行、一颦一笑，给了我们足够的理解空间，向我们展示了它丰富的思想内涵和独特的艺术魅力。

她的丈夫水生，作为小苇庄的游击组长、党的负责人，今天领着游击组到区上开会，很晚才回来。

　　女人抬头笑着问："今天怎么回来得这么晚？"站起来要去端饭。

　　水生坐在台阶上说："吃过饭了，你不要去拿。"

　　女人就又坐在席子上。她望着丈夫的脸，她看出他的脸有些红涨，说话也有些气喘。她问："他们几个呢？"

丈夫回来后，虽然女人问"今天怎么回来得这么晚"，但一点没有嗔怪的意思，而且她是"抬头笑着问"的。因为她知道，丈夫是游击组长，是党的负责人，是领着游击组到区里开会的。在她心中，丈夫做的是正事，是大事，是应该为之自豪的事。所以见丈夫回来，即使自己正在编席，而且编了那么大块的席，还是"站起来要去端饭"。她贤惠，她更理解——不，是更支持丈夫。这是她的革命觉悟。

而且她聪明心细，"看出"了丈夫表情的细微变化——"脸有些红涨，说话也有些气喘"，就觉得他心里一定有事。"看出"一词用得妙，写出了丈夫尽可能压抑而又难以自抑的激动心情。如果把"看出"换成"见"，那程度可就不一样了，弄不好是身体出了问题；她也不会问"他们几个"，有可能要问："你怎么了？你可不要吓我啊！"

问"他们几个"，说明这女人又有所预感，一定是工作上的事，所以才这样问。

水生小声说："明天我就到大部队上去了。"

女人的手指震动了一下，想是叫苇眉子划破了手。她把一个手指放在嘴里吮了一下。

水生说："今天县委召集我们开会。假若敌人再在同口安上据点，那和端村就成了一条线，淀里的斗争形势就变了。会上决定成立一个地区队。我第一个举手报了名的。"

女人低着头说:"你总是很积极的。"

"明天我就到大部队上去了。"这是"矛盾"的起因。

如何选择革命与家庭,如何选择大爱与小爱,甚至是生与死,一下子成了摆在这对夫妻——也曾经是战争年代无数家庭、无数夫妻——之间的大问题。这样重大的问题,不是哪一个人能轻易做出抉择的。而就在这艰难、痛苦的抉择中,才见人的追求与灵魂的境界的不同。

这里,通过动作描写写人的心理活动,值得认真揣摩:

"女人的手指震动了一下,想是叫苇眉子划破了手。她把一个手指放在嘴里吮了一下。"很显然,这手指的一震,是因为她内心的一震。因为她听到了即便是早有些心理准备,但仍然是一个让她内心纠结的事实;以"划破了手"写这一"震"所造成的结果,表明这看似"大"事——其实也应该是"大"事——而在这女人心里所引起的反应却如此之"小"。"大"矛盾成为"小"矛盾,这就是白洋淀人的革命觉悟。"她把一个手指放在嘴里吮了一下",这看似长期编席的人划破了手指的一个习惯性的处理方式,却表现了她对这个"纠结"哪怕是"意外"的淡定与从容。

所以当她知道自己的丈夫第一个报了名之后,只是"低着头说:'你总是很积极的'"。这里既有"舍不得"的嗔怪,又有"理所当然"的支持与光荣。同时她又认为这"嗔怪"中的"小爱""小私心"好像是不应该的,别说在丈夫面前,就是自己都感到羞涩、不好意思。所以是"低着头"而不是理直气壮说的。"小"的心理矛盾,反映的是白洋淀人的"大"觉悟。

也正因为这觉悟,他们在小家小爱与民族大义之间有了"矛盾"之时,都舍小而选大。当然有酸楚,但最终都是力量。所以:

女人鼻子里有些酸,但她并没有哭,只说:"你明白家里的难处就好了。"

水生想安慰她。因为要考虑和准备的事情还太多,他只说了两句:"千斤的担子你先担吧。打走了鬼子,我回来谢你。"

说罢,他就到别人家里去了,他说回来再和父亲谈。

鸡叫的时候,水生才回来。女人还是呆呆地坐在院子里等他,她说:"你有什么话,嘱咐嘱咐我吧。"

丈夫说:"千斤的担子你先担吧。打走了鬼子,我回来谢你。"显然,他把家国重担,都视为自己的担当和使命,妻子为此吃苦受累,不用谁来感谢,而是"我"自己。

"女人还是呆呆地坐在院子里等他"。这"呆呆地"可不是傻坐着等,更不是因此而崩溃到呆然木然,而是心里斗争了一夜,又准备了一夜,所以丈夫回来时她第一句话就是"你有什么话,嘱咐嘱咐我吧。"这是个无比坚定的态度。既有崇高的精神境界,又有基本的人性之美。

"没有什么话了,我走了,你要不断进步,识字,生产。"

"嗯。"

"什么事也不要落在别人后面!"

"嗯。还有什么?"

"不要叫敌人汉奸捉活的。捉住了要和他们拼命。"这才是那最重要的一句。女人流着眼泪答应了他。

夫妻话别,丈夫嘱咐的是识字生产,是不能落后,这是他们共同成长过程的一个缩影。妻子的回答,只一个字,很简洁,却是力量,是默契。就算是"不要叫敌人汉奸捉活的。捉住了要和他们拼命",女人都"流着眼泪答应了他"。

"流着眼泪",不是因为懦弱,而是她下定了决心勇敢面对牺牲、和亲人生离死别才有的内心反映,是坚强,是勇敢,是大无畏。

第二天送别,是这几家女人的合写。她们都是和水生的女人一样的女人。同样的革命觉悟,同样的夫妻情爱,同样的矛盾与难舍难离。更有甚者是,她们的丈夫要去打仗了,只是水生到各家"和家里人说一说",可她们没有一个抱怨自己的丈夫,就是要见上一面,还要找个"借口"。她们的革命觉悟,是通过支持丈夫的实际行动和女人特有的、细腻的爱的方式来表现的:

> "听说他们还在这里没走。我不拖尾巴,可是忘下了一件衣裳。"
>
> "我有句要紧的话,得和他说说。"
>
> ……
>
> "我本来不想去,可是俺婆婆非叫我再去看看他——有什么看头啊!"

下面这段环境描写:

> 现在已经快到晌午了,万里无云,可是因为在水

上，还有些凉风，这风从南面吹过来，从稻秧上苇尖上吹过来。水面没有一只船。水像无边的跳荡的水银。

以"万里无云"、凉风吹过"稻秧上苇尖上"、"水像无边的跳荡的水银"的美感，衬托了她们纯粹而又积极向上的情爱之美、精神之美，哪怕是她们"各人在心里骂着自己的狠心贼"。

再通过侧面描写的手法，写那些投身革命的男人们：

"你看，说走就走了。"

"可慌哩！比什么也慌，比过新年，娶新——也没见他这么慌过！"

"拴马桩也不顶事了。"

"不行了，脱了缰了。"

"一到军队里，他一准得忘了家里的人。"

"那是真的。我们家里住过一些年轻的队伍，一天到晚仰着脖子，出来唱，进去唱，我们一辈子也没那么乐过。等他们闲下来没有事了，我就傻想：该低下头了吧。你猜人家干什么？用白粉子在我家影壁上画上许多圆圈圈，一个一个蹲在院子里，托着枪瞄那个，又唱起来了。"

这是一幅积极投身革命、具有革命乐观主义精神的"英雄群像"：他们说走就走，义无反顾；他们把投身革命视为人生最大快乐；他们为了革命成功，苦练本领。

荷花淀战斗——小说的高潮，是女人、男人的合写。

写女人：

大船追得很紧。

幸亏是这些青年妇女，白洋淀长大的，她们摇得小船飞快。小船活像离开了水皮的一条打跳的梭鱼。她们从小跟这小船打交道，驶起来就像织布穿梭、缝衣透针一般快。

她们有本事，更有胆量。

假如敌人追上了，就跳到水里去死吧！

这也许是出来之后她们一起合计过的，也许是个不谋而合，总之她们首先想到了：决不能做俘虏。

后面大船来得飞快。那明明白白是鬼子。这几个青年妇女咬紧牙，制止住心跳，摇橹的手并没有慌，水在两旁大声地哗哗,哗哗,哗哗哗!

"往荷花淀里摇!那里水浅,大船过不去。"

危难之时,女人们表现出来的,是镇定、机智和大无畏。

一段环境描写,既有生动的比喻,也有对她们强大力量与精神的烘托:

> 她们奔着那不知道有几亩大小的荷花淀去,那一望无边挤得密密层层的大荷叶迎着阳光舒展开,就像铜墙铁壁一样。粉色荷花箭高高地挺出来,是监视白洋淀的哨兵吧。

通过女人们的眼,写自己的丈夫和战士们:

> 她们看见不远的地方,那肥大的荷叶下面,有一个人的脸,下半截身子长在水里。荷花变成人了?那不是我们的水生吗?又往左右看去,不久,各人就找到了各人丈夫的脸。啊!原来是他们!
>
> 但是那些隐蔽在大荷叶下面的战士们,正在聚精会神瞄着敌人射击,半眼也没有看她们。枪声清脆,三五

排枪过后,他们投出了手榴弹,冲出了荷花淀。

本来是一场激烈的战斗,却写得如此简洁,如此轻松,如此诗意,而且写出了女人眼中心中,战斗中的丈夫和战士们,又是如此之美。在与当时残酷的战争背景形成的强烈反差中,集中表现和讴歌了藐视敌人并对革命充满必胜信心的乐观主义精神。

结局再写这些女人,简练而明快。经历了这场战斗,本来就不服输的女人们,不但更长了见识,革命觉悟更高了,甚至她们觉得不参加队伍,都不能出门了。不出一年,她们就真的参加战斗了。

15 《项链》：
钻石般人性之美

有人说："一部伟大的作品，总是表现人性最真切的欲望。"换言之：一部伟大的作品，反映的一定是最真切也最普遍的人性。

莫泊桑的短篇小说《项链》之所以伟大，就是因为，它反映的是最真切、最普遍而且是最美的人性。

这是发生在两个非常要好的女友之间美丽的"真情"故事；这是一段由最基本的人性——爱美，而导致的"花去"了十年最美光阴的人生历程；这是对最美人性的礼赞，绽放出的是品质如钻石般的人性光辉。

笔者认为，本文有两条线索：一条是"项链"——借项链、丢项链、赔项链、还贷款；另一条是主人公玛蒂尔德的人性之"美"——也如项链一样，从"假"到"真"地展开着。

作者开篇就揭示了一个矛盾。

玛蒂尔德,"她也是一个美丽动人的姑娘",写她长得很美。值得注意的是,作者用了一个"也"字可就妙了:一则说明她只是无数美丽姑娘中的一个;二则写爱美的姑娘的普遍心理,她也有。这原是最普遍的人性。而且这爱美,或者是人们所说的"虚荣心",甚或需要体面与尊严,其实是不分国别人种,也不分民族地域,甚至连高级一点的普通动物都有的。人同此心,心同此理。将心比心,我们不能也不应该对此有任何的评头论足乃至于非议,反倒应该认识到,这乃是人性之美。吾家有女初长成——其实无论男女,就开始知道美了,"爱虚荣"了,这乃是我们应该引以为傲的人性

之花的绽放！更何况玛蒂尔德本来就长得很美，她有爱美的资本，甚至也应该成为她有更好人生的资本。但她偏偏"生在一个小职员的家里。她没有陪嫁的资产，也没有什么法子让一个有钱的体面人认识她，了解她，爱她，娶她；最后只得跟教育部的一个小书记结了婚"。这是"命运的差错"决定的。"差错"，是写她的感觉、她内心的不平。这是最基本的矛盾之一。

再写她价值观与现实的矛盾：

> 她不能够讲究打扮，只好穿得朴朴素素，但是她觉得很不幸，好像这降低了她的身份似的。因为在妇女，美丽、丰韵、娇媚，就是她们的出身；天生的聪明，优美的资质，温柔的性情，就是她们唯一的资格。

从作为一个女人的角度讲，她觉得自己"不能够讲究打扮，只好穿得朴朴素素"是不幸的，她的理由是——这还不是她说的——"在妇女，美丽、丰韵、娇媚，就是她们的出身；天生的聪明，优美的资质，温柔的性情，就是她们唯一的资格"。这是她的——不，不只是她的，而是很多的像她一样的女人——的价值观之一。平心而论，这样的价值观，即便是用我们的眼光看，也不能说完全不对，但如果把这作为妇女"唯一的资格",就有问题了。

> 她觉得她生来就是为着过高雅和奢华的生活,因此她不断地感到痛苦。住宅的寒碜,墙壁的黯淡,家具的破旧,衣料的粗陋,都使她苦恼。这些东西,在别的跟她一样地位的妇人,也许不会挂在心上,然而她却因此痛苦,因此伤心。

"她觉得她生来就是为着过高雅和奢华的生活",这是她的价值观之二。但现实生活却相差甚远,所以她痛苦,她伤心。拿她和"别的跟她一样地位的妇人"作比较,是个社会人心的横向参照,说明她"不必"或者"不该"有如此之想。这也是对她性格中不足取、有问题的地方的一个基本评判。

而且她经常有"狂乱的梦想":

> 她梦想那些幽静的厅堂,那里装饰着东方的帷幕,点着高脚的青铜灯,还有两个穿短裤的仆人,躺在宽大的椅子里,被暖炉的热气烘得打盹儿。她梦想那些宽敞的客厅,那里张挂着古式的壁衣,陈设着精巧的木器、珍奇的古玩。她梦想那些华美的香气扑鼻的小客室,在

那里，下午五点钟的时候，她跟最亲密的男朋友闲谈，或者跟那些一般女人所最仰慕最乐于结识的男子闲谈。

每当她在铺着一块三天没洗的桌布的圆桌边坐下来吃晚饭的时候，对面，她的丈夫揭开汤锅的盖子，带着惊喜的神气说："啊！好香的肉汤！再没有比这更好的了！……"这时候，她就梦想到那些精美的晚餐，亮晶晶的银器；梦想到那些挂在墙上的壁衣，上面绣着古装人物，仙境般的园林，奇异的禽鸟；梦想到盛在名贵的盘碟里的佳肴；梦想到一边吃着粉红色的鲈鱼或者松鸡翅膀，一边带着迷人的微笑听客人密谈。

这两段，区区350字，作者就用了三个"梦想"、四个"梦想到"，把一个日子贫寒但有梦的女人的性格写得鲜活传神且淋漓尽致。

首先是三个"梦想"，作者以极其细腻的笔触，铺排了她的生活追求。但这些，又都是富贵之家"正常"的生活方式。"下午五点钟的时候，她跟最亲密的男朋友闲谈，或者跟那些一般女人所最仰慕最乐于结识的男子闲谈"，这里又一次和一般女人作比较，说明即便她这样的"梦想"，都不"超标"，更不"出格"。所谓"梦想"，只是她现有的生活水平难以达到罢了。但同时，她又很善良，梦想中她的仆人正

"躺在宽大的椅子里,被暖炉的热气烘得打盹儿",从容安逸,而非正为她紧张地劳作伏侍。其次,又连用了四个"梦想到",把她所追求的生活情调,写得浪漫、温情而又高雅。

难得的是,这只是她私下的"梦想"而已,如果不是参加那场不能不参加的夜会,她是不会因此迁怒于自己的丈夫,对丈夫"不耐烦"的。相反,就算日子穷,甚至有点脏乱差,她还想和丈夫玩点小浪漫:"每当她在铺着一块三天没洗的桌布的圆桌边坐下来吃晚饭的时候,对面,她的丈夫揭开汤锅的盖子,带着惊喜的神气说:'啊!好香的肉汤!再没有比这更好的了!'……"毋庸置疑,跃然纸上的,是一个可爱、多情、优雅的女性。

她没有漂亮服装,没有珠宝,什么也没有。然而她偏偏只喜爱这些,她觉得自己生在世上就是为了这些。她一向就想望着得人欢心,被人艳羡,具有诱惑力而被人追求。

她有一个有钱的女朋友,是教会女校的同学,可是她再也不想去看望她了,因为看望回来就会感到十分痛苦。由于伤心、悔恨、失望、困苦,她常常整天地哭好几天。

这是集中写她的人生观、价值观,并用事实加以证明。

这里作者尽其手段,极写主人公"虚荣"到狂想,"梦想"的不切实际,或者算是性格、"三观"方面的某些"不足取",创设了小说前后人物性格的一个反差。

其实,这也是作者的一个匠心之处:把她的生活现实写足,把她的梦想写足,这就和她后来十年的艰辛奋斗偿还债务所过的日子,形成了一个极大的落差,因此突出了主人公的人性之美的高度。这就有了小说的丰富性、深刻性。这是我们不能不察的艺术手法。

接下来写她要参加那场夜会了。

她的丈夫看见她"两颗大大的泪珠慢慢地顺着眼角流到嘴角来了",终于于心不忍,尽其所能,答应给她做一身"在别的场合也能穿,很朴素的"长裙。这是第一次写他们的可动资产。也是为后面写他们借贷、还贷的艰辛伏笔。

当"项链"成为必需后,也就引出了一个因为"阴差阳错"而发生的美丽而又饱含艰辛的故事。

说它"美丽",是因为从这借项链、还项链的过程中,我们看得出她和朋友之间的友谊与信任:"假项链",完全是她自己挑选的;"还项链",她的朋友连盒子都没有打开,也从没有打开过;说它"美丽",是因为在那个宴会上,她的表现"比所有的女宾都漂亮、高雅、迷人,她满脸笑容,兴高采烈。所有的男宾都注视她，打听她的名字，求人给介绍；部里机要处的人员都想跟她跳舞，部长也注意她了"，"她陶醉于自己的美貌胜过一切女宾，陶醉于成功的光荣，陶醉在人们对她的赞美和羡妒所形成的幸福的云雾里，陶醉在妇女们所认为最美满最甜蜜的胜利里"。再一次和"妇女们"作比较，极写她的幸福指数之高。

她人性中的对于美、对于光荣、对于幸福、对于胜利的追求，此时此刻完全地实现了。但这一切又都是虚幻的、暂时的甚至是可怕的。

当"可怕"的结果降临时，她"整天在惊恐的状态里"，她的丈夫路瓦栽一下子"好像老了五年"，"两个人都愁苦不堪，快病倒了"。也因此，他们才有了后面的"十年艰辛"。

借贷还项链，十年还贷，是小说的又一个重点。作者在其借钱和为还钱过着艰难的日子上，浓墨重彩。从中我们看到了主人公夫妇的人格和人性。

> 他开始借钱了。向这个借一千法郎，向那个借五百法郎，从这儿借五个路易，从那儿借三个路易。他签了好些债券，订了好些使他破产的契约。他跟许多放高利贷的人和各种不同国籍的放债人打交道。他顾不得后半世的生活了，冒险到处签着名，却不知道能保持信用不

能。未来的苦恼，将要压在身上的残酷的贫困，肉体的苦楚，精神的折磨，在这一切的威胁之下，他把三万六千法郎放在商店的柜台上，取来那挂新的项链。

借这一万八千法郎，对他们夫妇两个来说意味着什么，作者写得清清楚楚、明明白白，对此他们有清楚的认识，充分的心理准备。但是他们在还项链这一问题上，丝毫不打折扣，保证要买一样的新的钻石的还给人家，当然更不能玩"消失"。反而担心："如果她发觉是件代替品，她会怎样想呢？会怎样说呢？她不会把她的朋友当作一个贼吗？"满怀歉意，觉得对不住人。人穷，人格不穷，人性不亏。

此时此刻，这个昔日一直觉得不幸、狂乱梦想的玛蒂尔德，一下子显出了英雄气概，毅然决然打定了主意：她要还这笔可怕的债务。

作者用了细节描写，写了她这十年是怎么过来的：

> 她会做家里的一切粗笨活儿和厨房里的讨厌的杂事了。她刷洗杯盘碗碟，在那油腻的盆沿上和锅底上磨粗了她那粉嫩的手指。她用肥皂洗衬衣，洗抹布，晾在绳子上。每天早晨，她把垃圾从楼上提到街上，再把水从楼下提到楼上，走上一层楼，就站住喘气。她穿得像一

个穷苦的女人，胳膊上挎着篮子，到水果店里、杂货店里、肉铺里，争价钱，受嘲骂，一个铜子一个铜子地节省她那艰难的钱。

……

她丈夫一到晚上就给一个商人誊写账目，常常到了深夜还在抄写五个铜子一页的书稿。

这样的生活继续了十年，他们把所有的债务都还清了。

难得的是，经历这么多事，吃了这些年苦，她依旧常常想起当年那个舞会：

但是有时候，她丈夫办公去了，她一个人坐在窗前，就回想起当年那个舞会来，那个晚上，她多么美丽，多么使人倾倒啊！

看得出，经过了十年艰辛，刚刚还清了全部债务的她，还经常想起那个舞会来，而且是幸福的回忆，而不是酸涩，更没有懊悔。显然她一直认定，在爱美、追求美上她没有错，哪怕就算为之吃尽了苦头。同时写了她对这十年磨难的达观、乐观态度。这是她心灵成长，人性砥砺的结果。

不难看出，作者也没有在这方面，对她作任何的指摘。

看来，笔者前面提到她的所谓"不必""不该"或者"不足取""有问题"都是多余的。作者看重的，是她的人格、人性的自我完善，自我砥砺成长。

所以，在此写道：

> 人生是多么奇怪，多么变幻无常啊，极细小的一件事可以败坏你，也可以成全你！

这可算是全文主旨的概括。对主人公玛蒂尔德来讲，看起来好像是"败坏"——打破了她的梦想不说，还让他们过了十年艰辛的生活。但说到底还是个"成全"，因为这事改变了她性格中或者人性中的某些不足或者"虚假"的人生观和价值追求，让我们看到了她品质如钻石般的人性"真"美！

正因为如此，十年后，她见到她的朋友时，她为事情的到底了结而高兴，而得意，无怨无悔。

16 《边城》：
人性之美与精神突围

《边城》是著名作家沈从文的中篇小说。小说以20世纪30年代川湘交界的边城小镇茶峒为背景，描绘了湘西地区特有的风土人情。作者以其独特的笔触展现了茶峒人人性的"边城"之美，以及精神的"边城"之困。

为自己求个"心安"的人性之美

渡头为公家所有，故过渡人不必出钱，有人心中不安，抓了一把钱掷到船板上时，管渡船的必为一一拾起，仍然塞到那人手心里去，俨然吵嘴时的认真神气："我有了口量，三斗米，七百钱，够了！谁要这个?！"（引文出自语文新课标必读丛书《边城》，人民文学出版社，2003。下同）

给钱的人为个"心安"。管船的人也为个"心安"：

便把这些钱托人到茶峒去买茶叶和草烟,将茶峒出产的上等草烟,挂在自己腰带边,过渡的谁需要这东西皆慷慨奉赠,估计那远路人对于身边草烟引起了相当的注意时,便把一小束草烟扎到那人包袱上去,一面说,"不吸这个吗,这好的,这妙的,送人也很合式!"茶叶则在六月里放进大缸里去,用开水泡好,给过路人解渴。

"心安理得"是他们的处事原则。但这个"心安理得",也难免有其局限性:

> 河中涨了春水，到水进街后，河街上人家，便各用长长的梯子，一端搭在屋檐口，一端搭在城墙上，人人皆骂着嚷着，带了包袱，铺盖，米缸，从梯子上进城去，水退时，方又从城门口出城。水若特别猛一些，沿河吊脚楼，必有一处两处为水冲去，大家皆在城上头呆望，受损失的也同样呆望着，对于所受的损失仿佛无话可说，与在自然安排下，眼见其他无可挽救的不幸来时相似。

这局限，是"人人皆骂着嚷着"进城等待河水自然退去；是吊脚楼被水冲去受了损失皆在"呆望"又"无话可说"。一个"呆"字，就是边城人的精神水平，就是"自然"美的人性背后"自然"到对自己生存状态无所思考、无所作为却又"心安理得"。

这，也包括对于男女感情的自然态度。"便是作妓女，也永远那么浑厚"，甚至有真情，约好了"分手后各人皆不许胡闹"……

> 男子过了约定时间不回来，做梦时，就总常常梦船拢了岸，一个人摇摇荡荡的从船跳板到了岸上，直向身边跑来。或日中有了疑心，则梦里必见男子在桅上向另

一方面唱歌，却不理会自己。性格弱一点儿的，接着就在梦里投河吞鸦片烟，强一点儿的便手执菜刀，直向那水手奔去。他们生活虽那么同一般社会疏远，但是眼泪与欢乐，在一种爱憎得失间，揉进了这些人生活里时，也便同另外一片土地另外一些人相似，全个身心为那点爱憎所浸透，见寒作热，忘了一切。若有多少不同处，不过是这些人更真切一点，也更近于胡涂一点罢了。

看来这"浑厚"，也不过是"忘了一切"的普遍的人性，或者比其他人"这些人更真切一点，也更近于胡涂一点罢了"。正因此，她们心中那些许朦胧的"自我"意识，只出现在"梦"中。

两代人的爱情看似"美好"却"不幸"

翠翠的父母，是绝对相信爱情的一对儿。有了小孩后，"这屯戍军士便想约了她一同向下游逃去。但从逃走的行为上看来，一个违悖了军人的责任，一个却必得离开孤独的父亲。经过一番考虑后，军人见她无远走勇气，自己也不便毁去作军人的名誉"，先服了毒。这看似他对一个女孩有真爱，作为军人又心中装着军人的荣誉，宁肯赴死。但他对自己、对军人的荣誉、对爱他的人和他爱的人，却没有一丝"责任"在心，只是任凭自然人性中感情泛滥。

翠翠妈因为关心着腹中的孩子，不忍心，没有一同去死。"事情业已为作渡船夫的父亲知道，父亲却不加上一个有分量的字眼儿，只作为并不听到过这事情一样，仍然把日子很平静的过下去。"可即便如此，她还是待生了孩子后，也羞惭地"自杀"了。

父亲"不加上一个有分量的字眼儿，只作为并不听到过这事情一样"，任凭自然，这是宽容，也是"无为"；但终究——或者所以，女儿还是因为承受不了一个"羞"字而死去。"知羞"，无疑是女儿天然的、最有质感的人性之美，可这"美"中，我们遗憾的，是她毕竟还是离开了她本不想离开的"孤独的父亲"。

大老、二老和翠翠的情爱，集中表现了茶峒人的感情之美，人性之美。而我们读出的，首先是美，然后是痛。

翠翠是美的。她"天真活泼，处处俨然如一只小兽物。人又那么乖，如山头黄麂一样，从不想到残忍事情，从不发愁，从不动气"。用白描的手法，概括地写了她天然的人性之美。

翠翠一天比一天大了，无意中提到什么时，会红脸了。……她欢喜看扑粉满脸的新嫁娘，欢喜说到关于新嫁娘的故事，欢喜把野花戴到头上去，还欢喜听人唱歌。茶峒人的歌声,缠绵处她已领略得出。她有时仿佛孤独了一点,爱坐在岩石上去,向天空一片云一颗星凝眸。祖父若问:"翠翠,想什么,"她便带著点儿害羞情绪,轻轻的说:"翠翠不想什么。"但在心里却同时又自问:"翠翠,你想什么?"

值得注意的是:

> 祖父明白这类事情对于一个女子的影响,祖父心情也变了些。祖父是一个在自然里活了七十年的人,但在人事上的自然现象,就有了些不能安排处。因为翠翠的长成,使祖父记起了些旧事,从掩埋在一大堆时间里的故事中,重新找回了些东西。

祖父心情有了怎样的变化?他明白了,人是要长大成人的,眼前的翠翠长大了。他由此想到了自己的女儿,想到了女儿的死。但:

> 这些事从老船夫说来谁也无罪过,只应"天"去负责。翠翠的祖父口中不怨天,心却不能完全同意这种不幸的安排。到底还像年青人,说是放下了,也正是不能

放下的莫可奈何容忍到的一件事!

这是老船夫多少年来,最痛心也最深沉的内心矛盾:他信"天",不怨天,这是"命"。这也应该是茶峒人共同的观念、共同的信仰。难得的是他"心却不能完全同意这种不幸的安排",他不服,可又找不到理由,只能"莫可奈何"。

见翠翠这样,老船夫害怕了,他担心翠翠也同妈妈一样,而自己又因为年纪大了不能把小雏抚养下去,"无论如何,得让翠翠有个著落。……交给谁?必需什么样的方不委屈她?"他为翠翠担心,他要有所"为"了。

翠翠和二老彼此有好感,而且坚持自己的真爱。这种力量,正如那雨后放晴的天气里,"溪边芦苇水杨柳,菜园中菜蔬,莫不繁荣滋茂,带着一分有野性的生气",不断生长。

来说媒的却是大老。这便有了大老二老的"竞争",一场另一种方式的竞争:大老不善于唱歌,二老帮着唱;同一个人唱,唱给两个人都爱着的人。这个唱歌的人,任由"命运"来决定自己的幸福。在这方面,二老的人性之美是最灿烂的。

很显然,二老把自己的爱情选择,交给了"命运"。结果出现的"命运"是:大老"死了"。二老因此对老船夫心有怨怪——"只是老家伙坏,大老是他弄死的"。他心中爱着翠翠,却又放不下哥哥死这件事。面对"命运"二字,无可奈何。

而翠翠仍心有期待:

> 翠翠把竹篮向地下一倒,除了十来根小小鞭笋外,只是一把大的虎耳草。
>
> 老船夫望了翠翠一眼,翠翠两颊绯红跑了。

为此老船夫"不灰心"。二老父子方面也都明白他的意思。只是"那个死去的人,却用一个凄凉的印象,镶嵌到父子心中,两人便对于老船夫的意思,俨然全不明白似的,一同把日子打发下去"。对于老船夫的行为,顺顺说他:"伯伯,算了吧,我们的口只应当喝酒了,莫再只想替儿女唱歌!"

一个要"为",一个反对他之所"为"。到此,老船夫明白了:此路不通!

白塔坍塌又复建

当天夜里,落了大雨。在雷鸣闪电中,白塔坍塌了!这在茶峒是个重大事情,因为这白塔是茶峒的风水,是思想观念的符号。

就在这雷雨将息时,老船夫也死了。他死在了他不能承受的心灵、精神冲突的雷雨中。在自己的女儿遭遇到人生重大问题之时,他没有"为";在孙女和二老的问题上,他已经努力而"为"。从这个意义上说,他又是个精神的摆渡者。

> 时候变了,一切也自然不同了,皇帝已不再坐江山,平常人还消说?!

老船夫的变化,是顺应了时代的。

那么,这古塔的坍塌,该是茶峒人闭塞落后的思想观念的坍塌;古塔的重建,也该是边城思想文化的重建。

相信这"积德造福"的是新的文化,也定能打开二老心中的"命运"之"结"。

令人欣慰的,是翠翠已经从祖父身上"明白"了很多。

这,该是小说思想的深刻性和现实意义之所在!

17 《林教头风雪山神庙》：
人在绝处 义在心中

"逼上梁山"，是人们对《水浒传》中一些"好汉"的基本理解。一个"逼"字，推动了故事情节发展，表现了人物内心的矛盾冲突，揭示了人物面对命运的无奈与小说深刻的"悲剧性"主题。

"好汉们"一个人的命运是悲剧，由于某种无法承受而造成无辜者的死亡也是悲剧，这双重悲剧所揭示的，是更深刻的社会悲剧。

林冲真正被"逼上梁山"，是从"林教头风雪山神庙，陆虞候火烧草料场"这一回开始的。

选入高中教材的部分，主要有两个情节：一是"路遇李小二"，二是"火烧草料场"（也可以称之为"绝处杀恶人"）。

这两个情节，将林冲的性格表现得细腻饱满，集中一个字，那就是"义"。对李小二讲"义"，与陆虞候论"义"。

路遇李小二

当初在东京时,多得林冲看顾;后来不合偷了店主人家钱财,被捉住了,要送官司问罪,又得林冲主张陪话,救了他免送官司,又与他赔了些钱财,方得脱免;京中安不得身,又亏林冲赍发他盘缠,于路投奔人。

这个"当初",显然是林冲遭陷害之前。这段两个分号,三层铺排,说明平日里林冲就多次关照过李小二,尤其在李小二偷了人家钱财要送官司问罪时,他不但从中调节,还赔钱又给盘缠。其实林冲所关照的一定不只李小二一人,因为他们本无亲无故,一定是像李小二这样的底层,哪个有难处,只要林冲遇到,都会关照的,这是他素日的仗义和热心肠。就算是受了官司,成了囚犯,他心中依然有个"义"字,想的是不能连累别人,哪怕是自己平日里关照过的人,知恩图报要感恩自己的人——"我是罪囚,恐怕玷辱你夫妻两个。"

绝处杀恶人

说是"恶人",是他们为霸占林夫人将林冲设计陷害发配沧州还不够,还必要结果他的性命,设毒计,下毒手。他们不死,林冲就得死,这是林冲的绝境,也是林冲要杀死他们的理由,不是一时之怒。而他们为非作歹,祸害的又何止林冲一个?

写毒计:

忽一日,李小二正在门前安排菜蔬下饭,只见一个人闪将进来,酒店里坐下;随后又一人闪入来。看时,前面那个人是军官打扮,后面这个走卒模样,跟着也来坐下。

这里用了两个"闪"字,字少意丰,将"恶人"背着人做坏事贼头贼脑的恶状写到极处。

果然是恶人,高太尉派陆虞候来杀林冲了。差拨一口答应"都在我两个身上,好歹要结果了他"。看来,他们哪一个死得都不冤。

涉及到自己的身家性命,林冲不能不抗争了:

> 林冲听了,大惊道:"这三十岁的正是陆虞候。那泼贼贼敢来这里害我!休要撞着我,只叫他骨肉为泥!"李小二道:"只要提防他便了;岂不闻古人言:吃饭防噎,走路防跌?"
>
> 林冲大怒,离了李小二家,先去街上买把解腕尖刀,带在身上,前街后巷一地里去寻。

林冲善良,根本没有把高太尉他们想得太坏。"大惊",是因为林冲没想到自己已经被发配了,他们竟还不放过他,要他的性命。为此他感到震惊。等恶人"撞着"才动手,这是林冲的隐忍性格,反抗意识不强,反抗行为也不激烈。只有后来说到不得不防,他才真正意识到,这样消极地等,一时防不到,就是个死,所以才"大怒",而后买刀去寻。这完全是"逼"出来的怒火和行动。就是这样,"寻了三五日,不见消耗",他还"也自心下慢",放松了戒备;甚至说出"却不害我,倒与我好差使,正不知何意"的话来。

一段环境描写,是他大难不死的原由("因这场大雪,救了林冲的性命"),也渲染了危险正威逼而来的气氛以及他已身处令他心寒意冷的人生绝境:

> 正是严冬天气,彤云密布,朔风渐起,却早纷纷扬扬卷下一天大雪来。
> ……
> 看那雪,到晚越下得紧了。

写毒手:

> 当时林冲便拿了花枪,却待开门来救火,只听得外面有人说将话来。林冲就伏门边听时,是三个人脚步响,直奔庙里来;用手推门,却被石头靠住了,再也推不开。三人在庙檐下立地看火。数内一个道:"这条计好么?"一个应道:"端的亏管营、差拨两位用心!回到京师,禀过太尉,都保你二位做大官。这番张教头没得推故了!"一个道:"林冲今番直吃我们对付了!高衙内这病必然好了!"又一个道:"张教头那

厮，三回五次托人情去说'你的女婿没了'，张教头越不肯应承，因此衙内病患看看重了。太尉特使俺两个央浼二位干这件事。不想而今完备了！"……又听得一个道："便逃得性命时，烧了大军草料场也得个死罪！"

恶人下毒手了，草料场烧得必必剥剥地爆响。善良的林冲没想到是恶人所为，正要出来救火时，把个毒计听得一清二楚：要杀自己的恶人，管营、差拨、陆虞候一个都不少；杀自己为的是霸占自己的妻子（虽然写了休书，但妻子却忠贞不二）；为了要自己的性命，火烧草料场——这是狠毒无比的毒计，要么烧死，一旦烧不死，烧了大军草料场也是个死罪，总之一个"死"。

就是这样，林冲想的还是个"情理"，还是"义"：

"泼贼！我自来又和你无甚么冤仇，你如何这等害我！正是'杀人可恕，情理难容'！"陆虞候告道："不干小人事；太尉差遣，不敢不来。"林冲骂道："奸贼！我与你自幼相交，今日倒来害我！怎不干你事？且吃我一刀！"

"情理难容"又不"义",该杀。这才杀了恶人。最终他提了枪,投梁山去了。

将一个原本的顺民逼到了梁山落草,揭示了小说的深刻主题。

剧本

关于剧本阅读

　　戏剧，是四大文学体裁之一。与其他艺术种类所不同的是，戏剧必须通过从头到尾的对话去展现剧情，通过对话推进剧情发展、矛盾冲突及人物关系的演变。剧本，是舞台表演的依据和基础。剧本由舞台说明和台词两部分组成。

　　欣赏戏剧，首先要了解戏剧冲突（包括人物之间的冲突、人物自身的冲突、人与环境之间的冲突），看冲突是怎样造成的，冲突的性质是什么，进而弄清冲突发展的过程，完整地把握剧本的情节。其次是把握人物语言。剧作家是通过人物语言来展开冲突，塑造人物，揭示主题的。阅读中，一是要品味个性化人物语言，二是要品味富有动作性的人物语言，三是要品味人物语言中蕴含的丰富的潜台词。

　　欣赏戏剧，尤其要随着剧情发展，把握人物性格的发展变化，抓住人物形象的本质特征。

18 《窦娥冤》：

冤窦娥 三重美

《窦娥冤》是元代戏曲家关汉卿的杂剧代表作，也是元杂剧悲剧的典范。

高中课文所选内容，是楔子和前三折。在这个楔子中，我们不仅看到了故事的背景原由，也看到了剧本中重要人物的基本精神面貌：蔡婆婆追求"不须长富贵，安乐是神仙"，这就是她的人生观、价值观；窦天章是旧时典型的读书人，坚信"汉庭一日承恩召，不说当垆说子虚"的人生价值，所以宁肯将女儿顶债，"割舍得亲儿在两处分"，也要考取功名。

此二者的价值信仰，就是主人公窦娥的命运。

欣赏戏剧和欣赏小说有相似之处，就是看作者在不同情节的矛盾冲突中，是怎样塑造人物，表现主题的。其方式方法，是抓细节，品语言。

对于主人公窦娥来讲，是三折三个激烈的矛盾冲突。在这三个激烈冲突中,我们看到的是窦娥的"三重美"。

满腹闲愁

窦娥十七岁成婚,婚后不久丈夫去世,落得个可怜:

> 满腹闲愁,数年禁受,天知否?天若是知我情由,怕不待和天瘦。则问那黄昏白昼,两般儿忘餐废寝几时休?大都来昨宵梦里,和着这今日心头。催人泪的是锦烂熳花枝横绣闼,断人肠的是别团圞月色挂妆楼。长则是急煎煎按不住意中焦,闷沉沉展不彻眉尖皱,越觉的

情怀冗冗，心绪悠悠。似这等忧愁，不知几时是了也呵！

这里，有的是直抒胸臆："满腹闲愁，数年禁受，天知否？天若是知我情由，怕不待和天瘦。"此处自然有思念丈夫的苦楚，但更多的，则是刚刚二十岁的青春少妇春心寂寞的煎熬。她信天。此情要对天倾诉，该是何等的真诚真切与无奈。"则问那黄昏白昼，两般儿忘餐废寝几时休？大都来昨宵梦里，和着这今日心头。""两般儿"，说的是"黄昏"与"白昼"。上下两句互文，又有变化之美，其表达效果是突出强调了：她每个日夜，都在经历着如此的煎熬。

更有生动的细节描写："催人泪的是锦烂熳花枝横绣闼，断人肠的是剔团圞月色挂妆楼。""锦烂熳花"，是自比灿烂美丽的花朵；"枝横"，像枯枝一样横着，没有生机。这两句又是互文：叹的是，自己本是一朵鲜花，却像枯枝一样，孤单地、毫无生机地度着漫漫长夜；"月色挂妆楼"，更让人愁上心头，月圆人不圆。闲愁难抑，"情怀冗冗，心绪悠悠"。更恨无人问也无人瞅。

窦娥春心难耐，但绝不轻浮放荡。窦娥不是神，是个人，是个春心涌动的少年寡妇。相反是可爱可敬，可敬的是她忍耐着煎熬也要"将这服孝守"的人性美。

贞心自守

婆婆出去讨债，险遭赛卢医毒手。哪成想这救人的张驴儿父子也不是什么好东西，同样以杀人的手段，要挟婆媳两人嫁给他们父子。这就是窦娥所处的社会环境——人已没了底线。这是造成窦娥悲剧的根本原因。也因此，窦娥的品格愈显得难能可贵。

这蔡婆婆信奉"安乐是神仙"。在张驴儿父子逼迫之时虽也有过反抗——"是何言语！待我回家，多备些钱钞相谢"。但她怕"勒杀"了自己，在以"死"相逼的情况下，没了原则，将自己和儿媳都许了出去。这在婆婆那里认为是实在的"无奈"。婆母没有原则的人性弱点，直接导致了悲剧发生（"你自做下，怨他谁"）。按说，自己春心难耐，又有婆婆允许，该是改嫁的机会，但窦娥却坚持：

> 想当初你夫主遗留，替你图谋，置下田畴，早晚羹粥，寒暑衣裘。满望你鳏寡孤独，无捱无靠，母子每到白头。公公也，则落得干生受！

窦娥此时，首先想到的是死去的公公，婆婆的丈夫。她认为，婆婆这样做对不起她自己的丈夫——就算是她丈夫死去多年，也要对得起。

> 婆婆，你要招你自招，我并然不要女婿。
>
> ……
>
> 婆婆也，怕没的贞心儿自守，到今日招着个村老子，领着个半死囚。

其次是怪婆婆没个"贞心自守"。她坚持"一马难将两鞍鞴"，为着贞心，绝不再嫁。表现了她纵是"无奈"也有"节"的坚贞美。

发愿赴死

为娶窦娥，张驴儿用计，反毒死了自己的老爹。他给窦娥两条路：要么官休，官休是死；要么私休，就是"你早些与我做了老婆，倒也便宜了你"。

面对生死，窦娥情愿见官。当然，开始她还对"官"抱有一线希望：

> 只望大人高抬明镜，替小妇人做主咱！大人你明如镜，清似水，照妾身肝胆虚实。那羹本五味俱全，除了外百事不知。他推道尝滋味，吃下去便昏迷。不是妾讼庭上胡支对，大人也，却教我平白地说甚的？

但最后，官没为她做主，直打得她"肉都飞，血淋漓"。

即使这样，她仍然坚信"人心不可欺"，只是为了保护婆婆，她才"情愿认药杀公公"。官不可信，她开始质问天地：

> 天地也！做得个怕硬欺软，却原来也这般顺水推船！地也，你不分好歹何为地！天也，你错勘贤愚枉做天！
>
> ……
>
> 你道是天公不可期，人心不可怜，不知皇天也肯从人愿。做甚么三年不见甘霖降，也只为东海曾经孝妇冤。

她深信天理公道，她更相信自己，这就是信仰。

死前，她发下三愿。发愿赴死，信仰不摧，是窦娥最高最美的人性！

19 《雷雨》（第二幕节选）：命，谁在安排

《雷雨》是曹禺先生的成名作，也是他的代表作之一，发表于1934年7月《文学季刊》，被称为"中国话剧现实主义的基石"和中国现代话剧成熟的里程碑。

剧中描写了一个带有浓厚封建色彩的资产阶级家庭的悲剧，揭示了封建思想文化与资产阶级思想文化的激烈矛盾冲突与人性上不足的悲剧根源。

这里解读的，是节选自《雷雨》第二幕的课文部分（"午饭后，天气更阴沉，更郁热……大海，走吧，我们走吧！"大海为仆人们拥下，侍萍随下）。

故事发生在"天气更阴沉，更郁热"的一个午饭后。主要情节有：周鲁三十年后相遇、鲁大海找周朴园讨说法。

难成眷属成悲剧

这个情节，是三十年来"矛盾"的集中揭示。

故事从给周家主人周朴园找雨衣开始：

不对,不对,这都是新的。我要我的旧雨衣,你回头跟太太说。

这里写出了周朴园对要"旧雨衣"的坚持,语气强硬,态度坚定,突出了他对"旧雨衣"的情结,也即对往事与旧人的"怀念"。

还不止于此:

窗户谁叫打开的?

关窗,也是因为旧人而留下的生活细节。看来,这周朴园心里一直装着一份深深的怀念。

忽然,他从动作、神态上觉得眼前这个人就是他曾经爱过的梅侍萍。于是他拿三十年前发生的事来问她,为读者揭开了整个戏剧的矛盾冲突的起始:原来他在二十多岁的时候爱上了漂亮的下人梅侍萍,梅侍萍还为他生了两个男孩儿,但因为家庭极力反对,梅侍萍在大年三十的夜里被赶出周家,抱着刚出生三天的孩子投了水……

这是一个家庭和爱情的悲剧。悲剧为什么发生,无疑首先是因为周家父母的极力反对。一个是资本家的贵公子,一个是下人的女儿——无疑也是下人,二人欲结合,这在有着相当浓厚封建色彩、等级观念的家庭是不可能被接受的。其次是在资本经济利益的链条上,他们的相爱更是毫无价值可言。

但他们为什么爱了?显然是年轻的周朴园有着一定程度的处于萌芽状态的平等思想和追求爱情自由的精神,他也以此鼓动梅侍萍,信誓旦旦,在梅侍萍没有把持好自己的情况下,他们疯狂地相爱了,还无名无分地生了两个孩子。但当父母决定给他娶一个资本家的女儿的时候,他却软弱了,妥协了。他们的爱情甚至于"家庭",就在这浓厚的封建意识和资产阶级新思想的激烈冲突中夭折了。

这场悲剧，固然有其社会原因，而且是主要的，但也不能否认梅侍萍自己也有人性上的不足，所以后来她一直反思自己——"不很守本分的"，也"不大规矩的"，她得知自己的女儿又成为周家下人的时候，认为这就是"我的报应"，还有"这些年我也学乖了"（意思是，我不再像当年那么傻了）。其实，这又何尝不是周家把她逐出家门的另一个理由？事实上，因为这，连鲁贵那样的人都不尊重她、珍惜她。这"命"，又有自己的安排。他们两人的悲剧，也是后面一切悲剧的原由。

无疑，周朴园的感情又是自私的。和蘩漪结婚后，他丝毫没有考虑过蘩漪的感受，也没有真诚地爱过她，甚至家里一直保留着梅侍萍在时的样子和她的照片，以至于把蘩漪逼得抑郁了，变态了，疯狂了。似乎也从没有考虑过梅侍萍的感受，他爱梅侍萍，更多是他的感受，并没有给梅侍萍以足够的呵护；他念梅侍萍，是出于"于心不忍"，为的是"我的心安"。所以当念着三十年的鲁侍萍再次活着出现在他面前的时候，他反而显得非常的冷漠而无情：

（忽然严厉地）你来干什么？……谁指使你来的？……（冷冷地）三十年的功夫你还是找到这儿来了。……从前的旧恩怨，过了几十年，又何必再提呢？

而且，他还在装，他怕出乱子，他要装出"社会上的好人物"。知道鲁侍萍不想和他纠缠，他才放心些："那双方面都好""也好""好得很"。

他又拿出资本家那一套——钱能支配一切：

那么一切路费，用费，都归我担负。

他恨不得鲁侍萍马上离开这里。

那么，我们就这样解决了。我叫他下来，你看一看他，以后鲁家的人永远不许再到周家来。

在他的心里，他们的过去只是他的"一点罪过"。显然，在他心里的早已不是爱了。

亲人难认更可悲

鲁大海来了。周朴园已经从鲁侍萍口中得知，这是他"死"而复生的亲儿子。按说他该认儿子，至少要心生歉意和爱意，但他不敢认，无悔也无爱。而他的儿子，现在是坚决反对他的工人代表，和他有着激烈的矛盾冲突，此时正揭穿他为人的另一面——一个没有人性、唯利是图、心狠毒辣的资本家。这是父子亲情的悲剧。

周萍来了。

（看周萍）不要走，萍儿！（望了一下侍萍）

他用眼神告诉鲁侍萍——这就是你三十年来日思夜想的儿子。

当他宣布把鲁大海开除的那一刻，周冲出现了：

爸爸，这是不公平的。

周冲是周朴园和繁漪的孩子。他也知道父亲的脾气。但在这样的时刻，竟敢说出这样的话，可见他有着和父亲不一样的想法——这或可称之为"思想"：他认为父亲不应该这样对待工人，更不应该如此对待鲁大海。他父亲不让他多嘴，撵他出去，他愤然出去。

一个短暂的出现——他的生命也是短暂的。但即便是短暂的一生，也是闪光的：他有平等意识，所以他有真性情的爱，他知道哥哥也爱着他爱的人的时候，虽然失落但不去争抢，也许他认为爱应该是自由的。其实，只有他才有资格去爱四凤，所以命运安排他们死在了一起。

为了工人的事，鲁大海和周萍这对苦命的亲兄弟大打出手了。

站在一边的鲁侍萍看着兄弟俩不能相认,还动了手,心里无限酸楚,悲苦难言:

(大哭)这真是一群强盗!(走至周萍面前)你是萍,……凭——凭什么打我的儿子?……我是你的——你打的这个人的妈。

情急之下差点说出隐情,但终究是母子也未能相认。这是多么可悲的事啊。

20 《哈姆莱特》：
一个人文精神的高标

莎士比亚是文艺复兴时代的伟大代表人物，《哈姆莱特》是他"四大悲剧"之一，代表着他艺术的顶峰。剧中塑造了一位有着完美的政治理想、人格抱负而且要重整乾坤的哈姆莱特，集中表现了剧作家人文主义思想的最高成就。

全剧最核心、最激烈的矛盾冲突

故事开始，是"一个可怕的怪象"——已故的国王"不先不后地"在静寂的时辰，用军人的步态走过去。由此，人们猜测"这恐怕预兆着我们国内将要有一番非常的变故"。"猜测"是写"虚"，马西勒斯和霍拉旭的对话是写"实"：

> 谁要是知道的，请告诉我，为什么我们要有这样森严的戒备，使全国的军民每夜不得安息；为什么每天都在制造铜炮，还要向国外购买战具；为什么征集大批造船匠，连星期日也不停止工作；这样夜以继日地辛苦忙

碌，究竟为了什么？谁能告诉我？（引自《哈姆莱特：莎士比亚戏剧选》，人民文学出版社，2018。下同）

马西勒斯连问了四个"为什么"，揭示了一个严重的社会现象：国不安，民不宁。

霍拉旭给出的答案是：

至少一般人都是这样传说。刚才它的形象还向我们出现的那位已故的王上，你们知道，曾经接受骄矜好胜的挪威的福丁布拉斯的挑战；……他的惟一的目的，我们的当局看得很清楚，无非是要用武力和强迫性的条

件,夺回他父亲所丧失的土地。……我们这样戒备的惟一原因,也是全国所以这样慌忙骚乱的缘故。

通过他们二人的对话以及后面那么多的补充,写出了他们国家所面临的新的战争问题,交代了故事的广阔政治背景、社会矛盾,以及已故国王所承认的自己"生前的过失"。

然后,我们看到的是主人公哈姆莱特内心的极大痛苦:一是他父王突然去世,尤其是他父亲"殡葬的挽歌"和母亲与叔父"结婚的笙乐"同时并奏,使他"郁结的心事却是无法表现出来";二是他无法接受母亲对父亲的背叛:

父王在时:

> 这样爱我的母亲,甚至于不愿让天风吹痛了她的脸。天地呀!我必须记着吗?嘿,她会偎依在他的身旁,好像吃了美味的食物,格外促进了食欲一般;……

父王去世后:

> 想不到居然会有这种事情!刚死了两个月!不,两个月还不满!
> ……

可是，只有一个月的时间，我不能再想下去了！脆弱啊，你的名字就是女人！短短的一个月以前，她哭得像个泪人儿似的，送我那可怜的父亲下葬；她在送葬的时候所穿的那双鞋子还没有破旧，她就，她就——上帝啊！一头没有理性的畜生也要悲伤得长久一些——她就嫁给我的叔父，我的父亲的弟弟……

看到母亲前后行为，他的内心极度怨恨和痛苦："刚死了两个月！不，两个月还不满！"以这样的表达方式，加强了语气和不满态度。

"你的名字就是女人。"用"女人"一词，是他对他母亲本质的看透，这比对某一个人的看透更彻底。自然这也直接影响了他对情人奥菲利娅的认识，所以也就更加痛苦（比如第三幕中"要是你既贞洁又美丽，那么你的贞洁应该断绝跟你的美丽来往"）。接着他做了两个比较——"她在送葬的时候所穿的那双鞋子还没有破旧，她就，她就——""一头没有理性的畜生也要悲伤得长久一些——她就嫁给我的叔父"，在他心里，他的母亲都不如一头没有理性的畜生，让他鄙夷，让他瞧不起，连用了三个"她就——"表明已愤怒到极点；更何况还嫁给了"我的叔父，我的父亲的弟弟"，而且"这样迫不及待地钻进了乱伦的衾被！"用同位复指的修辞强调身份，表明他们更是可耻至极！

以至于他痛恨这个世界了：

> 上帝啊！上帝啊！人世间的一切在我看来是多么可厌、陈腐、乏味而无聊！哼！哼！那是一个荒芜不治的花园，长满了恶毒的莠草。

这和前面的政治背景、社会矛盾一起，在哈姆莱特心里都是可厌的，都是"莠草"。换言之，这是他对人世、对人性的不满。

他认为：

> 称我们为酒徒醉汉，将下流的污名加在我们头上，使我们各项伟大的成就都因此而大为减色。
> ……只要带着上述一种缺点的烙印——天生的标记或者偶然的机缘——不管在其余方面他们是如何圣洁，如何具备一个人所能有的无限美德，由于那点特殊的毛病，在世人的非议中也会感染溃烂；少量的邪恶足以勾销全部高贵的品质，害得人声名狼藉。

他不许人冠上"酒徒醉汉"的污名而使政治"减色"，

也不许人由于"那点特殊的毛病"而"勾销全部高贵的品质"。这是他完美的政治理想和高尚的精神与人格抱负。因此哈姆莱特成为了"人文主义"的高标准的"典型形象"。

由此我们也可以看出，他的理想、抱负和他母亲的所做所为是何等的冰炭不容！这是全剧最核心、最激烈的矛盾冲突。

复仇之路，更是他的精神成长之路

雷欧提斯和奥菲利娅兄妹俩、波洛涅斯和儿子的对话，展示了这一家人的人生智慧、性格特点与人格水准：父亲为人谨慎、和气而有高尚人格；儿子智慧、深刻又有责任心；奥菲利娅听话、乖巧、感情纯真而执着。这为后文写他们与哈姆莱特的一切关系，做了很好铺垫。

终于在露台，哈姆莱特见到了父王的鬼魂，证明了他的"预感"，原来真是一桩"逆伦惨恶"的谋杀！再一次揭示了人性的丑恶。哈姆莱特要"驾着像思想和爱情一样迅速的翅膀，飞去把仇人杀死"，他强调了人应该有的思想和爱情的力量。此时，他的信念是：

> 记着你！是的，我要从我的记忆的碑版上，拭去一切琐碎愚蠢的记录、一切书本上的格言、一切陈言套语、一切过去的印象、我的少年的阅历所留下的痕迹，

只让你的命令留在我的脑筋的书卷里，不掺杂一些下贱的废料；是的，上天为我作证！

他要重新确立价值信念，而且要"负起重整乾坤的责任"。

他开始装疯，他在寻找机会。直到见到优伶，优伶唱出那"蒙脸的王后"——因为皮洛斯杀死普里阿摩斯老王，特洛伊王后赫卡柏悲恸凄凉的号叫，他才一下子意识到自己"是一个多么不中用的蠢材！"

可是我，一个糊涂颠顸的家伙，垂头丧气，一天到晚像在做梦似的，忘记了杀父的大仇；虽然一个国王给人家用万恶的手段掠夺了他的权位，杀害了他的最宝贵的生命，我却始终哼不出一句话来。我是一个懦夫吗？谁骂我恶人？谁敲破我的脑壳？谁拔去我的胡子，把它吹在我的脸上？谁扭我的鼻子？谁当面指斥我胡说？谁对我做这种事？嘿！我应该忍受这样的侮辱，因为我是一个没有心肝、逆来顺受的怯汉，否则我早已用这奴才的尸肉，喂肥了满天盘旋的乌鸢了。嗜血的、荒淫的恶贼！狠心的、奸诈的、淫邪的、悖逆的恶贼！啊！复仇！——嗨，我真是个蠢材！我的亲爱的父亲被人谋杀了,鬼神都在鞭策我复仇,我这做儿子的却像一个下流女人似的,只会用空言发发牢骚,学起泼妇骂街的样子来,在我已经是了不得的了!呸!呸!活动起来吧,我的脑筋!

此时他下决心要行动了。

害人的国王和王后也是极端的心虚:一方面他们想尽办法不停地试探哈姆莱特是不是真的疯了,他们害怕自己的丑行暴露;另一方面国王听到波洛涅斯说,"人们往往用至诚的外表和虔敬的行动,掩饰一颗魔鬼般的内心,这样的例子是太多了",而感到"它在我良心上抽了多么重的一鞭"。他的忐忑的心,与后面看戏时露出马脚照应。

但哈姆莱特依然处在"生存还是毁灭"的极其矛盾之中。

因为"谋杀"毕竟是"鬼魂"说给他的,而且他要面对的是自己的叔叔和生身之母,况且至少现在他还没有完全确定叔叔谋杀父亲的事实,说不定那个鬼魂就是"恶魔"。他要通过自己加入的戏词来试探。他让自己最信任的霍拉旭全副精神观察国王——他叔叔的反应。优伶的演出,逐渐把剧情推向高潮。此时他还要继续装疯。

当演到"黑心快手,遇到妙药良机……让他的生命速归于幻灭（以毒药注入睡者耳中）"的时候，"国王站起来了"——他，不，是他们——被识破了。

此时的哈姆莱特已经知道该怎么做了。只是他心里想着：

> 心啊！不要失去你的天性之情，永远不要让尼禄的灵魂潜入我这坚定的胸怀；让我做一个凶徒，可是不要做一个逆子。我要用利剑一样的说话刺痛她的心，可是决不伤害她身体上一根毛发；我的舌头和灵魂要在这一次学学伪善者的样子，无论在言语上给她多么严厉的谴责，在行动上却要做得丝毫不让人家指摘。

此时，国王已经开始计划及早制止哈姆莱特的威胁的行动并发起了"灵魂"之问，表现了他灵魂与人性的激烈矛盾冲突，但终归是邪恶战胜着理性，他的"跪祷"不是忏悔，只是为了"转祸为福"罢了。而此时的哈姆莱特已经决定要干掉他，但不是让他上天堂而是让他"灵魂永堕地狱"。

哈姆莱特要刺痛他母亲的心的目的达到了。

我们看他和母亲的直接对抗：

> 哈姆莱特，你已经大大得罪了你的父亲啦。

> 母亲,您已经大大得罪了我的父亲啦。
>
> 来,来,不要用这种胡说八道的话回答我。
>
> 去,去,不要用这种胡说八道的话问我。

每一句话都是直接的反击,除了叫声"母亲"之外,除了不让她身体受到伤害之外,真的没有一点尊重、半点客气。

我们看他对母亲的心的刺痛:

> 你忘记我了吗?

王后以为哈姆莱特疯了,忘记了自己。她哪里知道她的儿子是在装疯。

> 不,凭着十字架起誓,我没有忘记你;你是王后,你的丈夫的兄弟的妻子,你又是我的母亲——但愿你不是!

这里已经是"你",而不是"您"了。"你是王后,你的丈夫的兄弟的妻子",两种身份,都是在指责她不仅是背叛而且无耻乱伦;"你又是我的母亲——但愿你不是!"先是肯定,然后一个"破折号"加上"但愿你不是!"加重了语气,强调了否定态度,这是从心底里发出的怨恨。要知道,他一直在强调最美的人性和人格。

尤其是:

> 你的行为可以使贞节蒙污,使美德得到了伪善的名称;从纯洁的恋情的额上取下娇艳的蔷薇,替它盖上一个烙印;使婚姻的盟约变成赌徒的誓言一样虚伪;啊!这样一种行为,简直使盟约成为一个没有灵魂的躯壳,神圣的婚礼变成一串谵妄的狂言;苍天的脸上也为它带上羞涩,大地因为痛心这样的行为,也罩上满面的愁容,好像世界末日就要到来一般。
>
> ……
>
> 让贞操像蜡一样融化了吧。当无法阻遏的情欲大举进攻的时候,用不着喊什么羞耻了,因为霜雪都会自动燃烧,理智都会做情欲的奴隶呢。

直接戳穿了王后的所谓美德、婚姻盟约的虚伪,直指其情欲之下不知羞耻的人性弱点,真正像刀子一样戳进她的耳朵和心里,甚至把心"劈为两半了"!

到此,王后只有"不要说下去了""不要再对我说下去

了"。她服从了儿子的话:

> 你放心吧,要是言语来自呼吸,呼吸来自生命,只要我一息犹存,就绝不会让我的呼吸泄漏了你对我所说的话。

她开始为她丑恶的行为与灵魂救赎,直至喝下毒酒而死。

接下来,哈姆莱特一面是考虑如何躲避被国王"借刀杀人"的算计,一面是实施他的复仇计划。

> 我所见到、听到的一切,都好像在对我谴责,鞭策我赶快进行我的蹉跎未就的复仇大愿!一个人要是把生活的幸福和目的,只看做吃吃睡睡,他还算是个什么东西?简直不过是一头畜生!上帝造下我们来,使我们能够这样高谈阔论,瞻前顾后,当然要我们利用他所赋予我们的这一种能力和灵明的理智,不让它们白白废掉。现在我明明有理由、有决心、有力量、有方法,可以动手干我所要干的事,可是我还是在大言不惭地说:"这件事需要做。"

按说，早已经下定决心复仇的哈姆莱特，不是说行动就行动，说杀人就杀人吗？是的，完全可以，但这仍然是一般人的一时冲动。

哈姆莱特一直在思考人生，思考人性，这都是他作为人的精神性成长过程。哲学家苏格拉底说过："未经审视的人生不值得一过。"哈姆莱特所思考的人生价值，不只是在于复仇，而且要昭示一个真正具有人文精神的人的精神高度、人性高度、人格高度。

他得在这条路上"熬"。现在他又一次听到了"谴责"与"鞭策"，而且要"从这一刻起，让我屏除一切的疑虑妄念，把流血的思想充满在我的脑际！"

这个时候，奥菲利娅因为父亲的死疯了，从她的疯话中，可以听出关于女人不幸的命运；雷欧提斯回来为父亲的死讨说法了，正好被国王利用，定下双重"毒"计，要置哈姆莱特于死地。

复仇时刻，展现了他高贵的精神人格

掘墓小丑的话，听似无心，实则意深。他们正说出了人对死亡的态度、人世的不公、人生的价值意义和生命无常的必然悲剧性结果。

无论谁，无论什么身份，都是一样的结果。那个最会开玩笑、非常富于想象力的郁利克，和亚历山大大帝最后是一样的。

这是每一个人应该思考的问题,也是哈姆莱特正面临的问题;还有重要的,他们说出了与哈姆莱特本人有关的重要信息。他此时感慨:

> 凯撒死了,你尊严的尸体
> 也许变了泥把破墙填砌;
> 啊!他从前是何等的英雄,
> 现在只好替人家挡雨遮风!

他因此豁然了。他宣示了他对奥菲利娅的真爱,揭穿了国王"借刀杀人"的图谋,选择了和雷欧提斯的打赌比剑。这是矛盾的高潮,也是哈姆莱特精神与人性的高峰。

他的内心已经足够强大:

> 都是命运预先注定的。注定在今天,就不会是明天;不是明天,就是今天;逃过了今天,明天还是逃不了,随时准备着就是了。一个人既然在离开世界的时候,只能一无所有,那么早早脱身而去,不是更好吗?随它去。

他的为人光明磊落。他告诉雷欧提斯：

> 难道哈姆莱特会做对不起雷欧提斯的事吗？哈姆莱特绝不会做这种事。

雷欧提斯领了哈姆莱特的盛情。前面我们说过，雷欧提斯一家都是有较高人生智慧与人格水准的人。此时他因为良心"不赞成我干这件事"，所以比起剑来一点不起劲。

结果哈姆莱特先赢了他，因为这，他的母亲——王后替他喝了毒酒。雷欧提斯和哈姆莱特双双中剑后，雷欧提斯把国王下毒的事告诉了哈姆莱特。双重复仇的决心之下，哈姆莱特刺向了国王，国王中毒而死。

他和雷欧提斯互相宽恕，这是高品位的绅士风范。哈姆莱特又要过霍拉旭要喝下去的毒酒——"请你暂时牺牲一下天堂上的幸福，留在这一个冷酷的人间，替我传述我的故事吧。"

他因复仇而死，死而无憾；他的复仇之路，也是他的精神成长之路，他高贵的精神、人性与人格，成为人文精神的高标。